Menahem Pressler | Holger Noltze

Dieses Verlangen nach Schönheit

AF625599

Menahem Pressler | Holger Noltze

Dieses Verlangen nach Schönheit

Gespräche über Musik

edition einwurf

Mit Fotografien von David Ausserhofer.

Bibliografische Information der Deutschen Nationalbibliothek
Die Deutsche Nationalbibliothek verzeichnet diese Publikation in der Deutschen Nationalbibliografie; detaillierte bibliografische Daten sind im Internet über http://dnb.dnb.de abrufbar.

Der Verlag behält sich das Text- und Data-Mining nach §44b UrhG vor, was hiermit Dritten ohne Zustimmung des Verlags untersagt ist.

© edition Körber-Stiftung, Hamburg 2016

© Nachauflage 2025: edition einwurf GmbH
Königstr. 43, D-26180 Rastede
www.edition-einwurf.de
Kontaktadresse nach EU-Produktsicherheitsverordnung:
info@edition-einwurf.de

Umschlag: Groothuis. www.groothuis.de
Coverfoto und Fotos im Text: David Ausserhofer
außer: Seite 155 & 156: © LGM Télévision
Herstellung: Das Herstellungsbüro, Hamburg |
www.buch-herstellungsbuero.de
Printed in Poland

ISBN 978-3-89684-177-3

Alle Rechte vorbehalten

Den Töchtern: Edna und Emma

Inhalt

1. TAG

»Die Angst kam nicht in die Nähe des Klaviers«

Musik und Leben

HOLGER NOLTZE: Herr Pressler, wenn von Ihnen die Rede ist, dann fehlt selten eine Formel wie »ein Leben für die Musik«. Das ist nun tatsächlich einmal kein Klischee, denn Sie konzertieren seit mehr als sechzig Jahren. Aber es muss ja einmal angefangen haben: Wie also ist die Musik zu Ihnen gekommen – oder: Wie sind Sie zur Musik gekommen?

MENAHEM PRESSLER: Zufällig. Ich war klein, und mein Vater spielte die Violine – schlecht, furchtbar schlecht. Aber natürlich wollte ich das dann auch, die Violine studieren.

HOLGER NOLTZE: Wie klein waren Sie denn?

MENAHEM PRESSLER: Fünf ungefähr. Mein Bruder sollte Klavier lernen, aber wenn der Klavierlehrer kam, war er oft zu müde, und ich hab seine Stunde zu meiner Geigenstunde dazugenommen. Wie sich herausstellte, konnte ich beides und machte sehr schnelle Fortschritte auf beiden Instrumenten. Und dann sagte mir mein Vater, als ich in die Schule kam, ich dürfe nur eins weitermachen. Das wurde das Klavier.

HOLGER NOLTZE: Das war eine weitreichende, eine Weg-Entscheidung, das Klavier hat Sie begleitet seitdem.

MENAHEM PRESSLER: Ohne zu ahnen, was sie bedeutet, ja. Jedenfalls liebte ich es von Anfang an zu üben. Das gibt es selten. Die meisten lieben zu spielen, aber nicht zu üben. Ich liebte zu üben, und oft, wenn mein Vater aus dem Geschäft zurückkam und ich noch am Klavier saß, sagte er: »Hast du nicht schon genug?« Ich musste aufhören, natürlich, aber ich habe nicht aufgehört, weil ich wollte. Ich habe nur aufgehört, weil ich musste.

HOLGER NOLTZE: Woher kam dieser Hunger?

MENAHEM PRESSLER: Das weiß ich nicht …

HOLGER NOLTZE: War es vielleicht, weil Sie gemerkt haben, die Musik ist eine andere Welt, da tut sich etwas anderes auf?

MENAHEM PRESSLER: Das könnte man sagen, denn das, was ich empfand, war – es war ungeheuerlich schön …

HOLGER NOLTZE: … auch auf dem Klavier, das Sie zu Hause hatten? Denn das war ja ein normales Klavier, nichts Besonderes.

MENAHEM PRESSLER: Ein Pianino, ja, das war nicht einmal ein Flügel.

HOLGER NOLTZE: Und trotzdem haben Sie diese Schönheit gespürt oder erahnt?

MENAHEM PRESSLER: Empfunden, ziemlich früh. Also ich spielte in einer Stunde bei meinem Lehrer das f-Moll-Stückchen aus Schuberts ersten »Moments musicaux«: *diamtatidampam diamtatidampam* … Der sagte mir dann: »Hör mal, das Ende hast du besonders schön gespielt.« Als ich das meinem Vater erzählte, sah der mich an und fragte bloß: »Und was ist mit dem Anfang?« – Natürlich, so war mein Vater, aber ich war enttäuscht, dass er diese Frage gestellt hat. Denn ich war sehr glücklich, dass ich etwas machen konnte, was meinem Lehrer so gefiel. Den habe ich übrigens lange belogen: Ich habe ihn immer gebeten, mir etwas vorzuspielen, und es dann selbst gespielt. Bis er entdeckt hat, dass ich kaum Noten lesen konnte. Das musste ich erst lernen. Aber dann habe ich es gelernt!

HOLGER NOLTZE: Sie haben dieses Schöne zuerst über das Ohr erfasst, Sie konnten es empfinden und im Nachspielen sich aneignen. Das Klavier war da und offenbar auch ein Impuls, etwas zu suchen, egal, wie es konkret klang. Ist es der Impuls, etwas zu suchen, was jenseits des Üblichen, des Alltäglichen, des Normalen liegt? Die Schönheit, die Sie da erahnt haben, wie sah die aus?

MENAHEM PRESSLER: Die hatte gar kein Bild, eigentlich. Die hatte keinen, wie soll ich das sagen … – die hatte keinen Rahmen. Ich hab nur gespürt: Da ist etwas so Großartiges. Und dass mein Herz dem nachläuft, zuläuft, sich danach sehnt. Und dass ich bereit bin, jeden Preis zu zahlen, um es zu erfahren.

Das war es, was ich wusste. Ich war ein Kind, und ich kann mir nicht vorstellen, dass man als Kind viel mehr als das wissen kann. Ich wusste nur, dass all das, was ich fühlen konnte in der Musik, mich bereicherte. Und das war natürlich nicht an einen Komponisten gebunden, sondern eigentlich an viele. Mein Lehrer gab mir ziemlich früh auch große Werke, Beethoven-Sonaten zum Beispiel, sogar das späte Opus 110, die As-Dur-Sonate, und ich verliebte mich ganz in dieses Werk.

HOLGER NOLTZE: Haben Sie die denn verstanden, damals?

MENAHEM PRESSLER: Verstanden, glaube ich, nicht. Aber gefühlt, ja. Ich weiß, dass dieser langsame Satz für mich so viel bedeutete! Ich konnte es spüren, und ich konnte es spielen.

HOLGER NOLTZE: Dieses Stück hat Sie immer begleitet … 1938 mussten Sie mit den Eltern und Ihren zwei Geschwistern aus Ihrer Heimatstadt Magdeburg fliehen, erst nach Triest, dann mit dem Schiff nach Haifa. Ein 14-Jähriger, der auf der Passage sein erstes Konzert gibt und in Palästina weiterstudiert, auch diesen Beethoven, bis an die Grenze der Erschöpfung …

MENAHEM PRESSLER: Ich konnte nicht essen und wurde schwach und schwächer und einmal wirklich ohnmächtig, bei dem langsamen Satz von Opus 110. Die Gefühle waren stark. Aber der Körper war schwach, sehr schwach.

Ich konnte nicht essen. Dass das psychologisch war, wusste mein Vater nicht, er dachte, das wäre eine Allüre von einem begabten Jungen, und das dachten wohl auch die Doktoren, die mich behandelten. Die gaben mir irgendwelche Medikamente, aber ich wurde immer dünner und schwächer, immer weiter …

HOLGER NOLTZE: Sie hatten ja Ihre Heimat verloren, Herr Pressler … – Sie haben gesagt, Sie waren ein *angry young man* zu dieser Zeit. Für uns heute ist das sehr vorstellbar, dass man reagiert, dass nichts mehr normal ist. Dass zum Beispiel auch der ganze Stoffwechsel gestört ist. Und Sie haben in Interviews schon häufiger gesagt, dass es auch die Musik war, die Sie gerettet hat.

MENAHEM PRESSLER: Ohne Zweifel. Es war die Musik, und es war auch mein Lehrer dort. Der irgendwie besonders war und besonders lieb. Alles war anders in Palästina, aber man sucht weiter, was man gesucht hat, das habe ich auch getan. Wie der Zufall wollte, nahm ich an einem Wettbewerb teil und gewann einen Preis, nicht den ersten, sondern den zweiten Preis. Aber der zweite Preis war auch eine Aufführung mit Orchester, und ich durfte also das Grieg-Konzert spielen. Dafür übte ich zu Hause, das Stück war wirklich nicht einfach, es war sogar ziemlich schwer. Das Klavier hatte ganz abgenutzte Tasten, abgespielt, und so musste ich auf dem Holz spielen, da kriegt man natürlich Splitter rein. Und wie ich da also spiele, höre ich mit einem Mal eine Melodie pfeifen, ich kannte das Stück nicht. Aber ich wusste, wenn jemand pfeift vor meiner Tür, bedeutet es, der will mich sehen. Also ging ich raus, im Unterhemd natürlich, man schwitzte, und da stehen zwei Jungen da: Der eine war der Sohn von Golda Meir, die war damals Arbeitsministerin, und der andere war der Sohn von Yehuda Tubin, einem Arbeiterführer. Und dann fragten sie: »Sag mal, wärst du bereit, mit uns Trio zu spielen?« Ich fragte erst mal, was das denn genau bedeutet. Sie hatten die Platte von Schuberts B-Dur-Trio, mit Casals, die haben wir abgespielt. Das war so wunderschön, für mich war es das Schönste, was ich bis dahin gehört hatte. Das war wirklich zu schön, um wahr zu sein.

Und dann schlugen sie vor, wir könnten jedes Wochenende im Sommer ein Konzert geben in einem der Kibbuzim, also auf dem Land. Wir sollten ein Pfund bekommen, und das bedeutete vier Dollar geteilt durch drei. Ich war aber noch immer ziemlich schwächlich. Also ich erinnere mich genau, natürlich, an das erste Konzert, das wir gaben. Es war in der Nähe von Jerusalem, das war eigentlich eine arabische Enklave. Also wir lernen unser Programm, und wir gehen zur arabischen Busstation, denn nur der arabische Bus fuhr ja am Freitagabend und am Sonnabend. Und wie wir ankamen – der Bus kam auf der Landstraße an, und Ma'ale Hahamisha ist ganz oben auf einem Hügel –, hatte ich keine Kraft, da raufzugehen. Ich war so schwach damals. Und da hat mich der Geiger auf seine Schultern genommen und raufgetragen. So sind wir dort oben angekommen.

Und als wir angekommen waren, sagte uns der Mann, der verantwortlich war für Kultur: »Ihr könnt eigentlich gar nicht spielen, denn auf unserem Klavier funktioniert eine Taste nicht«, und das könne ich doch auf keinen Fall akzeptieren. Da sage ich: »Lassen Sie mich mal sehen«, und wirklich, eine Note kam nicht rauf, aber ich spielte und dachte mir den Ton dazu. – So war das erste Konzert, und es war ein großer Erfolg, ja. Also die Leute waren wirklich begeistert, und wir haben uns auch natürlich gefreut, und es gab zur Gage noch wunderbare Tomaten und alles, was da wuchs.

HOLGER NOLTZE: Das war schon eine frühe Trio-Erfahrung?

MENAHEM PRESSLER: Die früheste Trio-Erfahrung. Aber nicht, dass ich gedacht hätte, das wäre meine Karriere, nein. Ich wollte Solist werden, natürlich. Die Werke, die ich geübt habe, waren alles Solowerke.

Es gab da so eine Gruppe von jungen Leuten, die begabt waren. Die haben sich Platten angehört, und auf diesen Platten hörte ich viele Sachen. Ich lernte diese ganzen Talente kennen, und unter anderem war da einer, der in meinen Augen besonders begabt war. Der war ein Perfektionist. Er hat enorm fleißig geübt, und seine Wohnung war am Meer. Wir hatten verabredet, dass jeder am Morgen übt und wir uns dann treffen, um am Meer spazieren zu gehen und dann am Nachmittag weiterzuüben. Aber sehr oft, wenn ich in die Nähe seiner Wohnung kam, hörte ich ihn noch üben – dann bin ich gar nicht raufgegangen, bin gleich zurückgegangen, denn ich wollte nicht, dass er mehr übt als ich, dass er mehr Fortschritte macht als ich.

HOLGER NOLTZE: Sie sind nicht an den Strand gegangen, sondern wieder nach Hause ans Klavier?

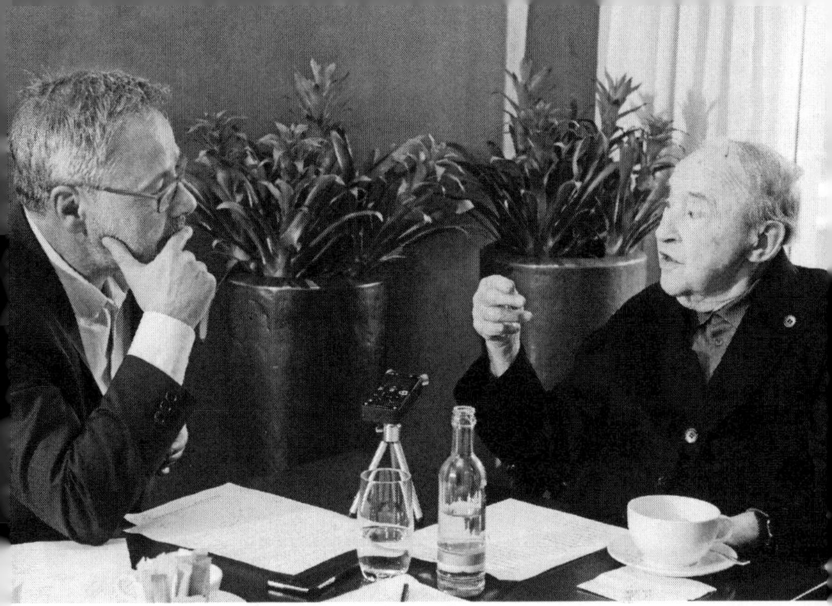

MENAHEM PRESSLER: Ans Klavier. Immer ans Klavier. Ich hab von ihm noch gelernt, dass er sich Streichhölzer aufs Klavier gelegt hat, um zu zählen, ob eine Stelle eben zehnmal und nicht bloß neunmal gespielt war.

HOLGER NOLTZE: Über das Üben müssen wir noch reden. Ich stelle mir gerade den jungen Pressler in Israel vor, ein wütender junger Mann, ein schwacher junger Mann, einer, der übt und übt und übt. Und wenn Sie heute im Rückblick sagen: »Die Musik hat mich gerettet«, wie genau, wie buchstäblich kann man das verstehen? Sie waren ja auch physisch gerettet – Ihre Großeltern, Onkel und Tanten, Cousins und Cousinen sind umgebracht worden.

MENAHEM PRESSLER: Ich wusste das nicht. Wir wussten nicht von den Gaskammern, wir wussten das nicht. Wir wussten nichts, im Prinzip. Man hat manchmal etwas gehört. Wir haben es aber nicht ganz geglaubt. Aber wir haben es geahnt. Wir haben es geahnt – und die Armee von Rommel war auf dem Weg durch Ägypten, auf dem Weg, uns auch zu erobern …

HOLGER NOLTZE: Und in dieser Situation beschäftigen Sie sich mit Musik?

MENAHEM PRESSLER: Mit der schönsten Musik, ja.

HOLGER NOLTZE: Wie geht das zusammen?

MENAHEM PRESSLER: Es geht nur zusammen in der Hinsicht, dass ich mich, mein Leben, irgendwie als Einzelgänger gesehen hab. Dass ich eben nur gesehen hab, dass Musik mir etwas gibt, was ich von niemandem bekommen kann.

HOLGER NOLTZE: Sie haben mal gesagt, dass Sie in der Zeit, als Sie noch in Magdeburg waren und als die Nazis schon lauter wurden, dass Sie sich mit der Musik wie in eine Blase zurückgezogen haben. Und ich würde gern wissen, wie Sie das an diesem 9./10. November 1938, als die Pogromnacht war, erlebt haben. Ist da die Blase der Musik nicht beschädigt worden?

MENAHEM PRESSLER: Nein. Seltsamerweise. Angst hatte man, ja natürlich. – Die Angst war vor allem in dieser sogenannten Kristallnacht. Das war eine richtig schwere Angst …

HOLGER NOLTZE: Der Laden Ihres Vaters wurde zerstört. »Hosen Pressler« in der Buttergasse.

MENAHEM PRESSLER: Zerstört, ja. Und man hatte auch Angst, dass sie die Treppe raufkommen und uns runterschleppen und schlagen.

HOLGER NOLTZE: Sie saßen oben?

MENAHEM PRESSLER: Wir lagen. Im Dunkeln. Wir lagen auf der Erde im Dunkeln. Was ich nicht wusste, was mein Bruder aber wusste: Wir hatten Freunde, und der Sohn des Apothekers an der Ecke, der war unser Freund, und er war ein SA-Mann. Und der stand vor unserer Tür und hat anfangs niemanden reingelassen, ins Haus. Ich hatte Angst, liegend am Boden …

HOLGER NOLTZE: Und hörten später, wie unten die Scheiben zerstört wurden … Wurde der Laden geplündert, was geschah?

MENAHEM PRESSLER: Die Scheiben wurden zerschmissen, der Laden wurde halb geplündert, dann kam ja die Polizei, angeblich, und hat die andere Hälfte sozusagen gerettet, da konnte man dann noch Ausverkauf machen. Mein Vater war auch nicht mehr da. Der war weggefahren.[1] Es war eigentlich eine verzweifelte Zeit. Wirklich eine verzweifelte Zeit. Aber am nächsten Tag saß ich am Klavier.

HOLGER NOLTZE: Wie war das, als Sie sich danach, nach diesem fürchterlichen Ereignis, das erste Mal wieder ans Instrument gesetzt haben?

MENAHEM PRESSLER: Ich war glücklich. Ich war freudig. Ich war glücklich. Ich war nur daran interessiert, das nächste Werk zu erobern, und mein Klavierlehrer hat mir eigentlich im Prinzip viel zu schwere Stücke gegeben. Also, ich musste diese Stücke lernen, die waren viel zu schwer. Aber ich hab sie gelernt.

HOLGER NOLTZE: War dieses Lernen von sehr schweren Stücken, war das Ihre Art, mit dem Schrecken umzugehen, auch mit der Angst umzugehen?

MENAHEM PRESSLER: Die Angst kam nicht in die Nähe des Klaviers. Da gab es keine Angst. Da gab es wirklich nur das Suchen nach Schönheit. Später, als ich mein Trio hatte, habe ich immer gesagt: *Let's look for the blue bird of happiness*. Komischer Ausdruck.

HOLGER NOLTZE: Aber wenn Sie sagen, wir haben die Schönheit gesucht, um das Klavier herum war keine

Angst – ich versuche zu verstehen, wie sich die Schönheit verträgt mit dem Schrecklichen, das gleichzeitig war …

MENAHEM PRESSLER: Das schien … – das schien überhaupt geteilt. Denn ich ging ja noch in die Schule. Bis zu der Zeit, als man mich nicht mehr ließ, ging ich noch in die Schule. Das war das Domgymnasium, es war die feinste Schule der Stadt, und ich war nicht dumm. In Mathematik war ich schlecht, aber sonst schien ich gut und leicht zu lernen. Aber meine große Freude war jedes Mal, wenn ich das zur Seite schieben konnte und mich ans Klavier setzen.

HOLGER NOLTZE: Sie haben vorhin vorgepfiffen, als Sie erzählten, wie die Jungs Sie im Unterhemd mit Pfeifen aus dem Haus gelockt haben. Ich hab's nicht sofort erkannt, das war der Anfang der Violinsonate von César Franck, und das ist ja eine Kandidatin für die »literarische« Vinteuil-Sonate, also des fiktiven Komponisten Vinteuil in Marcel Prousts »Suche nach der verlorenen Zeit« – möglicherweise, wir wissen es nicht genau. Und bei Proust gibt es eine Stelle, wo Swann die Musik dieses fiktiven Komponisten hört, und da ist die Rede von einer plötzlichen Verliebtheit. Also er hört eine Melodie, wir wissen nicht genau, an welche Proust gedacht hat, jedenfalls Swann reagiert wie jemand, der eine Vorübergehende sieht, die ihm eine Vorstellung von Schönheit schenkt, so heißt es ungefähr, und er liebt sie gleich, auch wenn er gar nicht weiß, ob er sie je wiedersehen wird. Es ist eine schöne Beschreibung für eine mögliche Wirkung von Musik: plötzliche Verliebtheit.

MENAHEM PRESSLER: Ich habe natürlich die Franck-Sonate geliebt, selbstverständlich, und auch oft gespielt, nicht nur mit Violine, auch mit Cello. Und hab sogar einen Kontrabassisten darin unterrichtet …

HOLGER NOLTZE: Die Proust-Episode war der kleine Umweg zu einer Frage, die auf das zielt, was danach kommt, als Folge einer Verliebtheit. Die Folge einer Verliebtheit zu einer Frau ist möglicherweise eine lange Beziehung, sagen wir eine Art von Ehe … Wir sind ja immer noch an dem Punkt, wie die Musik zu Ihnen gekommen ist. Was für einem Stern sind Sie gefolgt oder was für einem *blue bird*? Und wie geht das dann weiter, wenn die Beziehung zur Musik länger wird, wenn es eben eine Ehe wird, wenn man mit einigen Stücken ein ganzes Leben verbringt? Was kommt dazu? Was bedeutet ein langes Leben für die Beziehung zu diesen Stücken, was verändert sich? Verändert sich was?

MENAHEM PRESSLER: Ja!

HOLGER NOLTZE: Was?

MENAHEM PRESSLER: Man vertieft sich. Man hört sich selbst ... – ich möchte fast sagen: mit der Zunge von Beethoven sprechen. Man hört sich zu sich selbst sprechen.

HOLGER NOLTZE: Können Sie uns genauer erklären, was da passiert? Man lernt das Werk besser kennen, aber in welche Richtung geht das, ist es mehr Freiheit, die man hat, oder ist es ...?

MENAHEM PRESSLER: Ich weiß nicht, ob man es Freiheit nennen darf, denn Disziplin, Selbstdisziplin, spielt eine enorme Rolle. Du bist nicht frei, der Komponist gibt dir den Takt. Der Komponist gibt dir Formate. Der Komponist sagt dem, der es lesen kann, eigentlich alles.

HOLGER NOLTZE: Aber dann müsste es ja eine Eins-zueins-Übersetzung eines Notentextes geben, und das wäre es dann. Aber wenn wir Sie heute spielen hören, hat man den Eindruck, es ist noch etwas dazugekommen. Sie spielen heute Beethoven Opus 110, Sie haben es als kleiner Junge gespielt – was kommt dazu?

MENAHEM PRESSLER: Genau kann ich das nicht sagen. Ich hab die Sonate unterrichtet; ich hab sie geübt, um sie zu unterrichten. Ich war fleißiger als meine Schüler. Wenn man unterrichtet, muss man ja den Finger auf die kritischen Punkte legen und alles aussprechen, was man beim Üben mit sich allein abmacht.

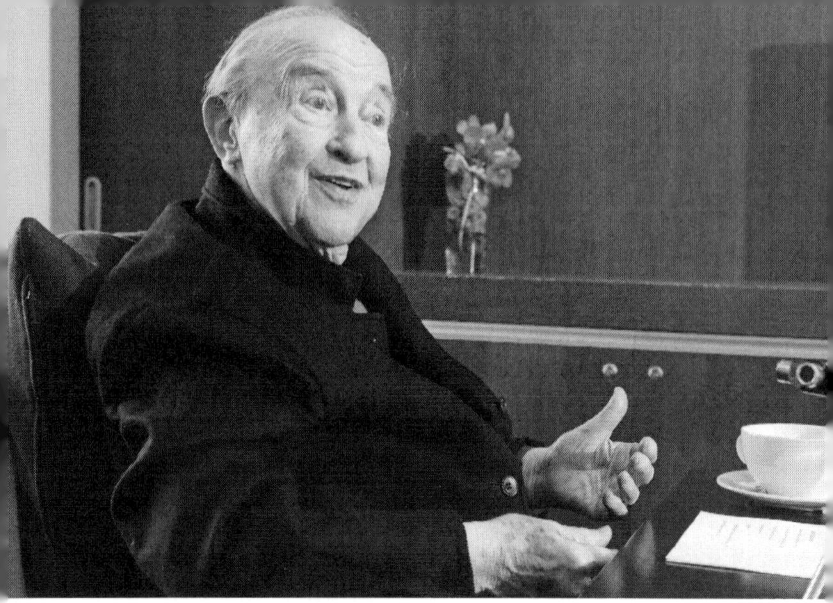

HOLGER NOLTZE: Das heißt, die Vertiefung, die Sie im Umgang mit den Stücken erfahren haben, hatte auch damit zu tun, dass Sie dann Lehrer wurden und quasi objektiv, bewusster, formulieren mussten, was sonst im Bezirk einer inneren Zwiesprache geblieben wäre?

MENAHEM PRESSLER: Ohne Zweifel. Dieses Formulieren und Ausprobieren an mir selbst, das Stück immer wiederholen, sehr, sehr oft ... Ich hab ja viele Platten gemacht, am Anfang für MGM, und wenn man Platten macht, hört man doch sofort im Studio ab, was auf dem Band ist. Und oft sagte ich mir: Gut, das ist wirklich ganz anständig, gar nicht schlecht. Aber dann habe ich angefangen, mich selbst zu imitieren, und das wurde immer furchtbar. Das habe ich dann sofort rausgeschmissen.

Du musst einen Weg finden, alleine tiefer zu werden. Ich habe gesucht. Manchmal habe ich etwas gefunden, aber ich war nie zufrieden. Ich hatte gelernt, nie zufrieden zu sein. Ich wusste, etwas zu finden, einen Ausdruck zu finden, war großartig. Aber dass ich damit zufrieden war? – Nein.

HOLGER NOLTZE: Egal, was die anderen sagten? Wenn die Kritiker begeistert waren und Sie sehr gelobt haben – das hat Ihnen nicht gereicht?

MENAHEM PRESSLER: Nein. Nein, nein. Als ich zum Beispiel die Testpressung bekam von den Mozart-Trios, rief ich den Chef der Plattenfirma an und sagte: »Wissen Sie was, ich kaufe Ihnen diese Tapes ab.«[2] Und er: »Weswegen, Menahem?« – »Es gefällt mir nicht.« Da sagte er: »Nun hör mal, die Platte kam schon raus. Glänzende Kritiken, großer Erfolg!« Ich hab es akzeptiert, natürlich. Wer würde das nicht akzeptieren – großer Erfolg, es war schon draußen. Aber meine erste Reaktion war: Ich will es zurückkaufen, es gefällt mir nicht.

HOLGER NOLTZE: Ich hab mir unter anderem Ihre Aufnahmen des »Dumky«-Trios von Dvořák angehört. Das war für das Trio nicht nur ein früher Plattenerfolg, 1962; es gibt dann noch eine Aufnahme aus den Sechzigerjahren, 1969, dann eine von 1985, und es gibt eine mit der letzten Besetzung des Beaux Arts 2004. Und ich hab versucht zu vergleichen: Was verändert sich im Laufe der Jahre, wenn man sich sehr intensiv und nie zufrieden, immer suchend mit diesen Stücken beschäftigt? Natürlich hatte ich so eine Klischeevorstellung von Vertiefung im Ohr und hab versucht, die zu verifizieren. Und was soll ich Ihnen sagen, ich hab das eigentlich nicht gehört. Ich höre, dass die Streicher anders klingen, alle drei, dass sie einen ganz anderen Ton haben. Von Daniel Guilet, dem ersten Geiger, zu Isidore Cohen und dann zu Daniel Hope. Aber das Klavier habe ich trotz der veränderten Aufnahmetechnik eigentlich erstaunlich ähnlich gehört. Also nicht identisch, es ist natürlich nicht das Gleiche, aber es ist immer eine eigene, eine besondere Schönheit im Ton, ein gewisser Schimmer, eine spezifische Poesie, eine Rundung, eine Melancholie – das ist schon 1962 da und genauso noch 2004.

Sie sind sich – als ewig Suchender, Niezufriedener, zugleich sehr treu!

MENAHEM PRESSLER: Das kann ich erklären: Wir haben diesen langsamen Satz des »Dumky«-Trios vielleicht fünfhundertmal gespielt, als Zugabe, vor allem Greenhouse hat das himmlisch gespielt. Und er hat es immer anders gespielt. Ich musste immer die Ohren spitzen wie ein Luchs und aufpassen, dass ich mit ihm bin. Das hab ich getan, und ich war mit ihm so nah, wie man es nur sein kann. Ich hab ihn verstanden, so wie ich Guilet verstanden hatte, wie er großartige Sachen machte, die für ihn sehr leicht waren. Das Tschaikowsky-Trio zum

Beispiel, Guilet hat das phänomenal gespielt! Er fühlte sich als Russe, das hat er aber nie gesagt, offiziell war er absolut Franzose. Er war ein richtiger Chauvinist, ein richtiger französischer Chauvinist, aber *das* spielte er als russischer Zigeuner, niemand konnte das so schön, denn er fand jedes Mal etwas anderes – so wie Greenhouse im »Dumky«-Trio.

HOLGER NOLTZE: Sie sagen, Sie haben sich auf die anderen eingestellt, die haben ihren spezifischen Ton, ihre Qualität eingebracht, aber – bei aller Bescheidenheit – wo sind Sie da, wo ist Menahem Pressler?

MENAHEM PRESSLER: Ich wusste ja, was das Stück braucht, was es verschönert. Was die beiden zum Klingen brachte. Das Klavier hat einen enorm wichtigen Anteil daran. Zum Beispiel *dadidambadadim eh dadidambadadim eh*, wie man meistens hört. Aber ich konnte spielen *dehehi*, ich konnte mich einstellen. Für mich war das natürlich auch ein Lernprozess, bis ich das konnte. Einmal, als wir in einer dieser kleinen Städte auftraten, in den *Community Concerts*,[3] wo wir gemischte Programme spielten, mit Soloteilen, da hörte ich, als ich von meinem Solo runterkam und meine zwei Freunde im Untergeschoss dieser Schule saßen, wie Guilet zu Greenhouse sagte: »Haben wir nicht Glück, dass wir einen Pianisten wie diesen haben?« Das hat mich sehr gefreut, denn mir hat er es nie gesagt ... Aber manchmal, wenn er länger brauchte, um sich anzuziehen, und ich sagte: »Zum Donnerwetter, komm schon«, meinte er: »Ich bin gleich fertig, und dann bin ich so dicht bei dir wie eine Sardine bei der nächsten.« Stellen Sie sich das Bild vor, eine Sardine bei der nächsten!

HOLGER NOLTZE: Hören Sie sich manchmal alte Platten an?

MENAHEM PRESSLER: Selten, weil ich nie ganz zufrieden war. Aber wenn ich zufällig eine alte Platte höre, dann geschieht oft das, was Ihnen geschieht, wenn Sie ein altes Passfoto sehen. Sie sagen sich, das Foto, das ist ja fürchterlich, da fehlt bloß eine Nummer, dann seh ich aus wie ein Sträfling. Aber vier Jahre später guckt man sich das Bild an und sagt sich: Ist gar nicht so schlecht. Sechs Jahre später: Ich wünschte, ich würde heute so aussehen. Ist doch so, nicht wahr?

HOLGER NOLTZE: Ich weiß genau, was Sie meinen! Allerdings scheinen Sie mir gerade das Gegenbeispiel, Sie werden immer schöner, fotogener. Es kommt eben doch was dazu, und das hat wohl mit diesem Vorgang des Weitergehens, des Lernens und des Vertiefens zu tun. – Wie finden Sie dafür den Begriff Verinnerlichung?

MENAHEM PRESSLER: Was bedeutet Verinnerlichung? Die Musik gewinnt ein Bild; da ist eine Schönheit, die dich blendet, wenn du es zum ersten Mal siehst und dann sagst: Lass mich das Bild weiter sehen! Das erinnert mich an den armen Schumann, wie er träumte, dass Schubert ihm eine Melodie geschickt hat, und als er aufwachte, konnte er sich nicht mehr an sie erinnern. So ist es. Man sieht ein Bild davon, wie herrlich dieser Moment ist, und man sagt: Ach! – und bevor du Ach sagst, ist das Bild weg. Du musst es weiter suchen …

HOLGER NOLTZE: Das Blendende, was Sie jetzt gerade beschrieben haben – eine blendende Schönheit –, das ist auch etwas Schmerzhaftes.

MENAHEM PRESSLER: Natürlich! Natürlich, weil du es einmal gesehen hast, und du fragst dich: Wo ist es jetzt hin? … Es ist tiefer: Du musst suchen; du musst graben; du musst empfinden. Und wenn man spielt, hört man zu, und man empfindet es wieder und wieder.

HOLGER NOLTZE: Man kann es nicht festhalten?

MENAHEM PRESSLER: Man kann es nicht automatisieren. Ich übe gerade Debussy, »La Soirée dans Grenade« aus den »Estampes«, das war schon eines der Stücke damals im Debussy-Wettbewerb, 1946. Es wird immer schöner. Man spielt es … Ich spiel es jetzt, mit fast 92 – und es wird immer schöner.

HOLGER NOLTZE: Können Sie sagen, was darin?

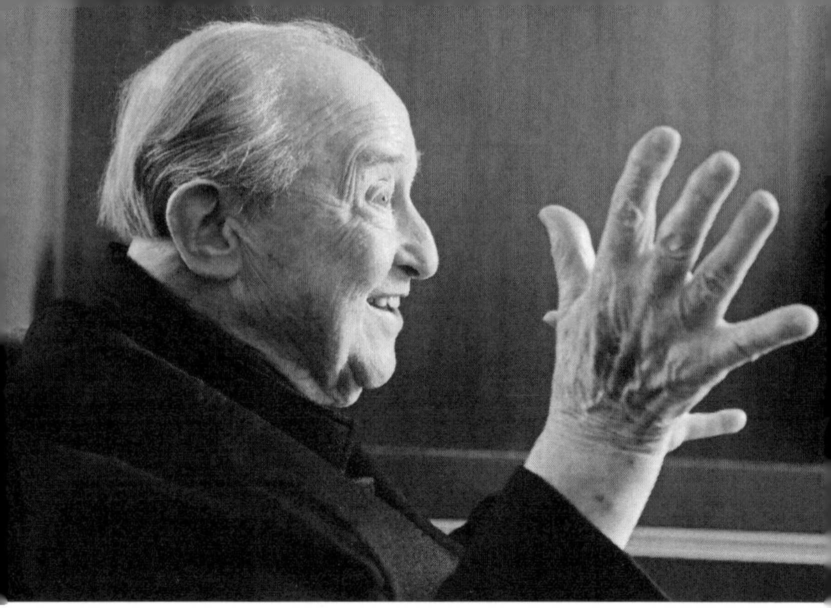

MENAHEM PRESSLER: Das Spanische, das er gefunden hat. Er, der nie in Spanien war.

HOLGER NOLTZE: Eine Idee von Spanien.

MENAHEM PRESSLER: Eine Idee, die immer schöner ist als die Wirklichkeit. Spanien ist schön, aber in seinem Bild ist es unwiderstehlich schön – im Rhythmus, im Gefühl, in der Harmonie.

HOLGER NOLTZE: Das sind Elemente, die Ihnen in der lebenslangen Beschäftigung mit diesen Texten jetzt stärker aufgehen, kann man das so sagen?

MENAHEM PRESSLER: Ja. Dass ich es stärker empfinde, ja, ohne Zweifel.

HOLGER NOLTZE: Wie kommt es, dass Sie das sagen können: Ich empfinde es stärker nach einem so langen Musikerleben? Es gibt ja auch das andere, dass man sagt: Ich kenne all das, ich habe meine Routine.

MENAHEM PRESSLER: Und eben das ist das Glück. – Schauen Sie sich mal meine Haare an, die sind gar nicht weiß. Ich bin fast 92! Kennen Sie jemand, der keine weißen Haare hat mit 92? Ich kenne niemanden. Ich habe zwar nicht viele Haare, aber sie sind nicht weiß!

HOLGER NOLTZE: Das heißt, das Glück, das Sie gefunden haben, ist, dass die Empfindungsfähigkeit …

MENAHEM PRESSLER: … jung bleibt, ja. Das ist es: dass das Herz überläuft. Das Verlangen ist stark nach der Schönheit. Und wenn du spielst, versuchst du, das zu wiederholen.

HOLGER NOLTZE: Kann man Musik besitzen?

MENAHEM PRESSLER: Nein! Es ist zu schön, um wahr zu sein. Diesen Ausdruck kann man benutzen. An Besitz glauben meistens jüngere Pianisten, die sehr sauber spielen, sehr laut spielen. Sehr erfolgreich spielen. Das ist alles nicht mein Weg, das ist nicht das, was ich suche. Das ist auch nicht das, was ich glaube.

Gerade in unserer Zeit gibt es wunderbare Pianisten, die gelernt haben, hervorragend Klavier zu spielen.

Sauber, besonders sauber. Aber in der Kunst, in der großen Kunst, genügt das noch nicht. Wir alle wollen sauber spielen, das ist keine Frage. Darum übt man die ganze Zeit. Aber sauber spielen ist kein Ideal. Das Ideal ist, schön zu spielen. Das Ideal ist, tief zu spielen. Das Ideal ist zu entdecken, warum ist dieses Stück noch immer etwas, nach dem wir uns sehnen, wenn wir es hören. Wie schon Nietzsche sagte: Ein Leben ohne Musik ist ein Irrtum. Ja.

HOLGER NOLTZE: Recht hat er.

MENAHEM PRESSLER: Ja, ohne Zweifel.

HOLGER NOLTZE: Aber wie passt das zusammen, Herr Pressler? Ich habe gelernt: Sie waren nie zufrieden, Sie haben gesucht und suchen immer noch weiter. Gleichzeitig sprechen Sie von Glück. Glück ist aber doch eigentlich ein Gefundenhaben, womöglich sogar der Zustand eines erreichten Ideals …

MENAHEM PRESSLER: Glück ist ein Geschenk, ob man religiös ist oder nicht. Wenn man gläubig ist, dann denkt man, es kommt vom Himmel. Es muss wohl vom Himmel kommen, der einem erlaubt, diese Musik zu fühlen, auszudrücken und dadurch reicher zu werden. Das ist wirklich ein Geschenk, das empfinde ich sehr stark.

HOLGER NOLTZE: Wir sprechen über die Verwobenheit von Leben und Musik, jetzt sind wir beim Glück. Aber für mich ist es schwierig, hier Ihre Geschichte nicht mitzudenken: das Zuhause verloren zu haben, viele Familienmitglieder verloren zu haben, selbst dem Massenmord an den Juden nur knapp entgangen zu sein. Hatten Sie in Israel, später in den Vereinigten Staaten, als klar wurde, was passiert war in Deutschland, den Gedanken: Meine Verwandten sind alle umgebracht worden, ich habe *Glück* gehabt?

MENAHEM PRESSLER: Ja, natürlich.

HOLGER NOLTZE: Hatten Sie auch den Gedanken: Warum ich?

MENAHEM PRESSLER: Ja und nein. Man stellt sich diese Frage, aber irgendwie schien in allem, was passierte und wie es geschah, die Hand Gottes auf uns zu sein: dass wir rauskonnten, drei Wochen bevor Deutschland den Krieg anfing, dass wir rauskamen. Und dass das Schiff aus Triest in Haifa ankam.

HOLGER NOLTZE: Das war das letzte?

MENAHEM PRESSLER: Ja, das Schiff wurde interniert. – Ich bin öfter davongekommen. Einmal trug ich Lebensmittel aus, mit meinem Fahrrad, und eine Bombe schlug auf dem Weg ein, ganz in der Nähe, und ich kam durch. Mein Vater und ein paar andere sind mir noch nachgelaufen, weil sie wussten, dass ich in der Gegend unterwegs war … – Ja, man stellt sich diese Frage, natürlich. Warum hat Gott dich ausgesucht? Besonders wenn man in Israel lebt und viele *survivors* kennenlernt, die dort mit den Nummern aus den Konzentrationslagern ankamen … Aber vielleicht weil ich jung war, habe ich mir diese Frage nie so tief gestellt: Warum bin ich gerettet worden? … Irgendwie war es eine Art von Gottessuche … nach seiner Gerechtigkeit … Ich weiß nicht, was es war.

HOLGER NOLTZE: Eine solche Erfahrung gemacht zu haben, hat das einen Einfluss auf die Art, wie man Musik macht, wie Sie Musik machen?

MENAHEM PRESSLER: Nein, denn diese Erfahrung, das ist eine andere Sache. Die hat zu tun mit Tod, Leben und Tod. Du wurdest ausgesucht zu leben.

Meine Eltern waren religiös, aber ich wurde immer weniger religiös. Wir Juden haben ein Gebet, mit dem man sich an den hohen Feiertagen von Gott alles Gute für das nächste Jahr erbittet, und da heißt es: Du bist eingetragen ins Buch des Lebens … Habe ich das erfahren? – Weiß ich nicht. Irgendwie hatte das mit meiner Musik nichts zu tun. Religion hatte mit meiner Musik nichts zu tun, eigentlich. Obwohl ich sehr stolz war, sogar sehr stolz war, dass ich dann Israel vertrat beim Debussy-Wettbewerb in den USA. Im Gegenteil, als ich nach Israel kam, war mein Name einfach Max, aber geboren wurde ich als Max Menahem Pressler, und erst als ich dann nach Amerika ging, wollte ich, dass man mich Menahem nennt. Ich wollte das Land repräsentieren, das es mir ermöglichte, ein Leben aufzubauen, ein Pianist zu werden.

HOLGER NOLTZE: Sie hatten immer Glück mit Ihren Lehrern: In Palästina erst Eliahu Rudiakov, mit dem Sie zum Beispiel weiter an Beethoven Opus 110 gearbeitet haben, dann an Balakirews »Islamey«, weil es so ein besonders schwerer Brocken ist. Später dann die wichtige Begegnung mit Leo Kestenberg …

MENAHEM PRESSLER: Er war ein wirklicher Intellektueller, früher war er auch Ministerialrat in der Weimarer Republik gewesen.

HOLGER NOLTZE: So was wie Kulturminister.

MENAHEM PRESSLER: Ja, so was wie Kulturminister. Er brachte mir bei, einen Notentext auch zwischen den Zeilen zu lesen, er weckte das Interesse an Literatur und Philosophie. Ich hatte zu seinem Geburtstag die »Diabelli-Variationen« gelernt, eines seiner Lieblingsstücke. Ich war vielleicht sechzehn und spielte es in einem Konzert. Und dann wollte er es spielen, und er bat mich, kritisch zuzuhören und ihn mit Vornamen anzusprechen. Das konnte ich nicht. Das war mir einfach vollkommen unmöglich, ihn beim Vornamen zu nennen oder ihn zu kritisieren.

HOLGER NOLTZE: Der Respekt. Kestenberg war ein Schüler von Busoni, Sie sind ja gleich mehrfach Enkelschüler von Busoni.

MENAHEM PRESSLER: Ja, in der Tat, denn später in den USA studierte ich bei Egon Petri, der von Busoni kam, und zum Schluss ging ich zu Eduard Steuermann, der mit Schönberg, Berg und Webern gearbeitet hat. Webern hat ihm die »Variationen«[4] gewidmet und Schönberg das Klavierkonzert[5]. Er war aber eben auch ein Schüler von Busoni, ein hervorragender, phantastischer Schüler von Busoni. Okay, er hatte sich mit Liebe der Zwölftonmusik zugewandt, aber mit derselben Liebe konnte er Schumann spielen. Ich habe mit ihm die »Fantasie« op. 17 studiert, das war ein großes Erlebnis. Ich erinnere mich an eine Stunde, in der er die »Humoreske« von Schumann unterrichtete, und der arme Schüler verstand kein Wort von dem, was der Mann ihm sagte. Der wollte nur wissen, wie man diese Oktaven spielt. Der hat sie nicht verstanden, diese Schönheit. Ich hab sie verstanden.

HOLGER NOLTZE: Und das Lernen hört ja bis heute nicht auf: Sie haben mir erzählt, dass Matthias Goerne Sie überredet hat, Schumann-Lieder mit ihm zu machen, und dass Sie die neu lernen mussten. Mag man denn eigentlich noch lernen, wenn man die neunzig überschritten hat und wenn man so viel gemacht hat?

MENAHEM PRESSLER: Ja! Und das ist etwas, worauf ich besonders stolz bin, ja. Ich hab dieses Schumann-Programm gelernt, mit Freude und Furcht. Ich habe eine Riesenangst gekriegt. Goerne ist ein großartiger Künstler, er kann so tief in die Werke hineinsehen. Meine Tochter und ich hatten ihn in der Carnegie Hall gehört und lernten ihn auch kennen. Und dann ruft er mich alten Mann an und sagt, er will mit mir auftreten. Ich sage: »Ich spiele aber doch dieses Repertoire nicht«, und er: »Du kannst es ja lernen.«

HOLGER NOLTZE: Fanden Sie das nicht frech?

MENAHEM PRESSLER: Nein, nein. Ich dachte, er hat ja recht! – Es war ein Schumann-Abend, und Schumann ist mir in gewisser Hinsicht besonders nah. Mein Debüt in Amerika war das Schumann-Konzert mit Ormandy und dem Philadelphia Orchestra. Und ich habe Schumann tief geliebt, immer. Immer. Und ihn beweint … Für dieses Konzert mit Goerne musste ich auch die »Geister-Variationen« lernen, Schumanns letztes Werk. Er hat sie geschrieben, als er schon sehr krank war und in den Rhein ging, um sich zu ertränken. Clara hat es nie drucken lassen … – Ich habe das gelernt und gespielt, auch die Lieder für diesen Abend in Verbier. Es war eine Freude, diese Musik zu erleben! Und dann war es eine Ehre, mit Goerne spielen zu dürfen. Und ein Glück, dass ich das noch kann, dass der Kopf noch offen ist: Ich kann lernen.

HOLGER NOLTZE: Können Sie uns das Geheimnis verraten, warum Sie das können?

MENAHEM PRESSLER: Das versuche ich selbst zu verstehen, dieses Geheimnis! – Wieso kann ich das? Wieso habe ich das Verlangen danach? Was ist es, das mich weitertreibt, dass ich vielleicht doch bis zu einem Grund kommen kann, der so tief ist wie ein Brunnen, in den man hinabsteigt? Und dann kommt man wieder raus: Anstelle von einem Frosch wird man ein Prinz – aber dann ein musikalischer Prinz.

HOLGER NOLTZE: Das sind Sie! Aber ich kann mir nicht vorstellen, dass es nur das ist, nicht zufrieden zu sein, immer noch weiterzuwollen … Was ist da am Grund, was zieht Sie da an?

MENAHEM PRESSLER: Irgendwo muss ein Moment sein, an dem du sagen kannst: Ich hab's gefunden. Diesen Moment hab ich nie erreicht. – Ich glaube … ich bin sogar sicher, dass ich in die Nähe kam … Ich kam in die Nähe, wenn ich allein spielte. Ich kam in die Nähe, wenn ich mit meinem Trio spielte. Und ich kam in die Nähe, wenn ich mit Sängern spielte.

HOLGER NOLTZE: Wollen wir eigentlich mal eine Pause machen?

MENAHEM PRESSLER: Nein!

HOLGER NOLTZE: Gut, dann frag ich einfach weiter! Sie haben gesagt, das Glück der Musik, das Gefühl, privilegiert zu sein, die Schönheit zu suchen und ausdrücken zu können, hat nichts zu tun mit dem anderen Glück, nämlich überlebt zu haben. Und doch frage ich mich, ob nicht die Erfahrung des Fürchterlichen des letzten Jahrhunderts, die Sie sehr nahe haben machen müssen, ob das nicht doch einen Einfluss auf Ihre Art zu spielen hatte? Eine besondere Qualität des Tons, in dem das Jahrhundert auf irgendeine Weise enthalten ist … Höre ich es nicht mit? Oder anders: Kann ich es nicht *nicht* mithören?

MENAHEM PRESSLER: Das ist sehr möglich … – Aber irgendwie hatte ich von Anfang an einen besonderen Ton, bis heute.

HOLGER NOLTZE: Das heißt, dieser Ton, Ihr Ton, ist nicht das Ergebnis des disziplinierten Übens, das ist was anderes. Der Ton liegt davor.

MENAHEM PRESSLER: Genau.

HOLGER NOLTZE: Angeboren?

MENAHEM PRESSLER: Vielleicht. Obwohl mir Kestenberg mal auf die Schulter haute und sagte: »Spiel schön, schlag nicht das Klavier!« Vielleicht hab ich es damals geschlagen …

HOLGER NOLTZE: Das haben Sie danach jedenfalls nicht mehr gemacht.

MENAHEM PRESSLER: Die Sache ist die, ich bin mir auch heute noch nicht ganz bewusst, warum mein Klang irgendwie schön ist. Es ist *mein* Klang, natürlich. Klang – auf der Violine, auch auf dem Klavier – ist eine sehr persönliche Sache.

HOLGER NOLTZE: Aber Herr Pressler, ein Geiger formt den Ton, er macht ihn …

MENAHEM PRESSLER: Der Pianist macht ihn auch.

HOLGER NOLTZE: Aber der Steinway ist eine Maschine, er hat eine Mechanik, im Grunde ist es ein Schlaginstrument.

MENAHEM PRESSLER: Das kann man alles so sagen. Es gibt Pianisten, die klingen, als ob sie auf einem Schlaginstrument spielen. Es gibt Pianisten, die spielen, als ob es Eis wäre, das sie mit Eispickeln bearbeiten. Und es gibt Pianisten mit einem speziellen Ton.

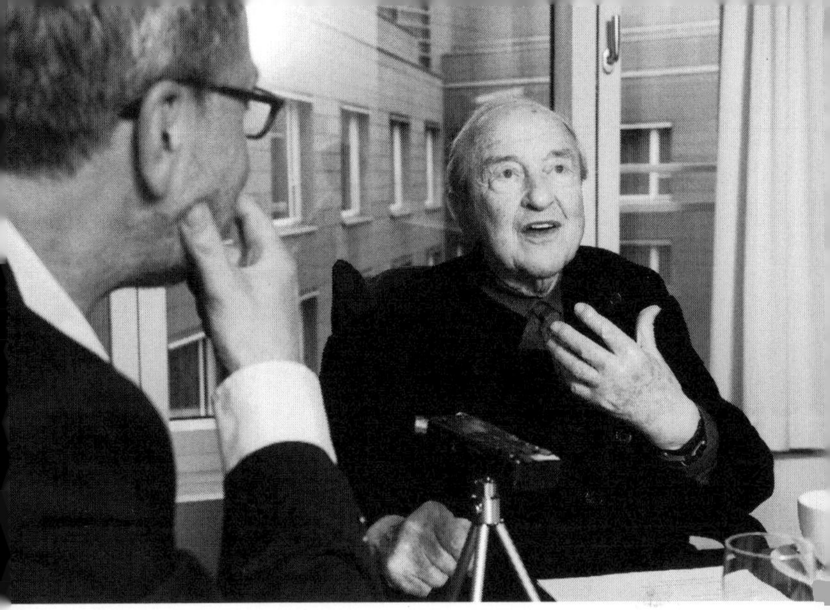

HOLGER NOLTZE: Aber Sie formen den Ton nicht mit dem Finger auf der Saite, auf dem Griffbrett.

MENAHEM PRESSLER: Doch.

HOLGER NOLTZE: Sie haben die Taste.

MENAHEM PRESSLER: Das ist doch die Sache, ich habe eine Taste …

HOLGER NOLTZE: Die Taste geht runter.

MENAHEM PRESSLER: … die geht runter. Auf irgendeine Weise, gleich von Anfang an meines Spielens, richtig Spielens, hatte ich diesen Ton, der Licht hatte und der sich schön bildete … Ohne Perkussion … Also ohne …

HOLGER NOLTZE: … ohne Schlagcharakter.

MENAHEM PRESSLER: Ohne Schlag.

HOLGER NOLTZE: Weil Sie leiser spielen?

MENAHEM PRESSLER: Nein, ich konnte auch laut. Ich spiele am Ende des Ravel-Trios diese ganz orchestrale Stelle. Wenn Sie diese Akkorde hören: Die sind reich, und die sind laut, aber die schlagen nie. Ich spiel sie mit ganzer Kraft und mit ganzer Hingabe und mit Feuer, aber es schlägt nicht. Und als ich in der Testpressung gehört habe, es schlägt nicht, war ich zufrieden, dass ich das erreicht habe: einen Klang, der leuchtend ist.

HOLGER NOLTZE: Und wie viel Leben, wie viel Biografie steckt im Ton?

MENAHEM PRESSLER: Ich glaube, im Ton steckt nur das, was du im Kopf hast, das, was du suchst. Dazu gehört auch, dass Kestenberg mir auf den Rücken klopfte: Schlag nicht, spiel schön. Ich dachte ja, ich spiele schon schön. Meine Ohren haben immer mehr und weiter danach gesucht, was ich machen kann. Aber der Kern war immer da!

HOLGER NOLTZE: Wie verhält sich diese Schönheitssuche zu der Welt da draußen, von der wir wissen, wie sie ist, und die nicht schön ist?

MENAHEM PRESSLER: Ich würde sagen, die ist ganz unbeeinflusst von der Welt.

HOLGER NOLTZE: Aber es gibt ja auch Musik, die nicht im klassisch-romantischen Sinn »schön« ist, weil sie reagiert auf die Welt – wie muss man die spielen? Darf Musik nicht hässlich sein?

MENAHEM PRESSLER: Nicht in deinen Augen. Wenn man das Schönberg-Konzert hört, war das für die meisten hässlich, nicht für mich, nicht für meinen Lehrer Steuermann. Das war höchst interessant, wie ich ihn das zum ersten Mal hab spielen hören. Er spielte es in der Juilliard School, er hatte Gäste geladen, darunter auch mich. Und es war heiß. Sommer. Über uns, in der Hochschule, übte jemand Orgel. Hier spielte Steuermann in dieser Hitze das Schönberg-Konzert. Und seufzt und seufzt, und es bedeutet so viel für ihn. Und mir ist so heiß, und ich hör immer die Orgel dort oben … Als er aufhört zu spielen und sagt: »Ich werde es euch noch mal vorspielen!«, bin ich weggelaufen. (*lacht*) Ich geniere mich noch immer, dass ich das getan hab …

HOLGER NOLTZE: Das ehrt Sie. Aber noch mal: Keine Musik ohne den Sinn für das Schöne? Würden Sie so weit gehen?

MENAHEM PRESSLER: Nicht ohne den Inhalt zu finden. Ich glaube, Alfred Brendel hat es eigentlich sehr gut gesagt. Er spielte immer einmal im Jahr das Schönberg-Konzert, und er sagte: »Das zwingt mich, ein Gewissen zu haben.«

HOLGER NOLTZE: Gut adornomäßig gedacht.

MENAHEM PRESSLER: Ich selbst hab als Solist eigentlich immer ein neues Werk gelernt pro Jahr, weil wir so enorm beschäftigt waren. Und das Trio hat auch immer ein neues Werk pro Jahr gelernt. Zum Schluss, bevor das Trio sich auflöste, da spielten wir zwei kleine Trios von Kurtág, die uns gewidmet worden waren. Und wenn ich solo spielte, hatte ich ein Werk von Kurtág im Programm, das ich immer zweimal spiele. Es ist sehr kurz und verändert sich immer: Man hört es das erste Mal so und das zweite Mal ganz anders.

HOLGER NOLTZE: Kurtág ist eine späte Entdeckung, aber eigentlich haben Sie verhältnismäßig wenig Neue Musik gespielt. Hat das mit dieser Schönheitsfrage zu tun?

MENAHEM PRESSLER: Nein, das hatte andere Gründe. Guilet hat immer neue Sachen gespielt und Greenhouse auch. Guilet war ja im Calvet-Quartett, die spielten viel Ravel, und Ravel war neu, damals. Auch Greenhouse hat in anderen Ensembles moderne Werke gemacht. Und ich habe ja auch mit dem Trio immer ein neues

Werk gelernt. Das war manchmal sehr interessant, in den modernen Stücken die Schönheit zu finden. Die meisten feinen modernen Komponisten sehen ja Schönheit – auf ihre Weise. Und ich war sehr stolz, wenn wir die gefunden haben.

HOLGER NOLTZE: Aber die Suchbewegung, über die wir ja sprechen, ist bei Ihnen eine, die sich sehr stark auf das klassisch-romantische Repertoire bezieht. War die Schönheitssuche, bei den Stücken, die Sie jenseits davon gemacht haben, vielleicht für Sie nicht so vielversprechend? Kann man das sagen?

MENAHEM PRESSLER: Das könnte man sagen. Es gibt andere Beispiele, ich habe mal sehr lang an einem Stück von Ned Rorem geübt, ewig, und er war immer nicht zufrieden. Da gab es einige Auseinandersetzungen, aber am Schluss, in der gedruckten Fassung, hatte er es mir gewidmet. Das war ein langer Weg bis dahin, aber ich habe mich wirklich enorm bemüht, das zu lernen, enorm.

HOLGER NOLTZE: Bereuen Sie es denn manchmal, dass Sie nicht mehr zeitgenössische Musik gemacht haben?

MENAHEM PRESSLER: Nein. Nein, im Prinzip habe ich empfunden und empfinde es immer stärker, dass es an Tiefe leichter ist, sie zu spielen, aber dass an Schönheit viel weniger da ist als in den großen Klassikern, auf die sich die modernen Komponisten ja auch beziehen, als Quellen.

HOLGER NOLTZE: Noch mal zu Schubert. Wenn ich den Anfang vom »Leiermann« bei Schubert höre, am Ende der »Winterreise«, diese Bordun-Akkorde, das ist doch auch nicht *schön*, oder?

MENAHEM PRESSLER: Doch, es beschreibt ja etwas. Es beschreibt etwas, was wir alle erlebt haben: Da dreht einer den Leierkasten, und da war ein kleiner Affe drauf. *Brumm, brumm, miam miam* … Ich glaube nicht, dass jemand einen größeren Schluss hätte finden können.

HOLGER NOLTZE: Der ist unglaublich … Aber Sie sind der Pianist, der aus dem Steinway diesen so besonders warmen Ton herausholen kann. Hier ist ein Moment, wo Sie äußerste klirrende Kälte darstellen müssen, an der Grenze des Todes. Läuft das für Sie noch unter dem Begriff Schönheit?

MENAHEM PRESSLER: Ja, das läuft noch unter dem Begriff Schönheit. Denn dieser Wagen, mit dem Affen … Der hat ja immer denselben schönen Klang …

HOLGER NOLTZE: Aber Schubert spricht über den Tod und die Verlassenheit eines Musikers.

MENAHEM PRESSLER: Aber das sagt der Sänger, während der Leiermann-Pianist weiter dreht. Das ist einer der wirklich gewaltigen Momente. Es ist fast so wie im zweiten Trio, im Andante[6]: *Dam Dam Dam dadadam …*

HOLGER NOLTZE: Ein Trauermarsch.

MENAHEM PRESSLER: Und es kommt zum Ende, und dann wechselt es in strahlendes Dur …

HOLGER NOLTZE: Aber so gut wie da im Es-Dur-Trio geht es eben nicht immer aus. Es gibt depressive Enden, auch das Andante endet ja verhalten … Und ich habe Sie gesehen, als Sie den »Leiermann« gespielt haben: Es ist ein Schmerz in Ihrem Gesicht, ein realer Schmerz.

MENAHEM PRESSLER: Oh, absolut. Absolut, wenn man an den Tod denkt …

HOLGER NOLTZE: Und das ist schön?

MENAHEM PRESSLER: Nein … Aber wissen Sie, ich bin sicher, wenn Schubert in meiner Gegenwart gestorben wäre, hätte ich es als schön betrachtet, ihm die Augen schließen zu dürfen. Das wäre ein Geschenk gewesen. Denn er hat mir so viel geschenkt während meines Lebens. Von Anfang an. Es ist diese Musik an der Grenze des Todes, aber auch das andere, wie in diesem

Trio-Satz. Wenn es da auf einmal in Dur umschlägt, dann fühle ich mich wie Superman.

HOLGER NOLTZE: Superman war mir dazu noch nicht eingefallen ... Aber ich verstehe, was Sie meinen. – Ich möchte gern noch ein bisschen über Geheimnisse reden. Ein Geheimnis Ihres Spiels scheinen mir ja nicht vor allem die Superkräfte zu sein. Vielleicht eher dass Sie sich im zunehmenden Alter mehr Zeit lassen können.

MENAHEM PRESSLER: Das stimmt in gewisser Hinsicht. Das stimmt. Man kann sich mehr Zeit lassen, und man hat mehr Geduld mit sich. Man tritt ja auch weniger auf.

HOLGER NOLTZE: Sie ja nicht!

MENAHEM PRESSLER: Vielleicht nicht. Aber ich empfinde es als weniger; vorher waren es 150 Konzerte mit dem Trio, manchmal Soloabende und das Lehren, jetzt ist es schon weniger. Obwohl ich sagen muss, was die letzten Wochen mir alles eingetragen haben, was ich jetzt noch erleben darf, ist unglaublich. Und ich staune, dass das Herz – Schönheit, Tiefe, Passion – nicht älter wird. Ich hatte gedacht, dass das Herz sich beruhigt, wenn du älter wirst. Du liebst auch nicht mehr so, bist nicht mehr mit deiner Frau zusammen ... – und trotzdem: Das Herz wird nicht älter.[7]

HOLGER NOLTZE: Das heißt, die Fähigkeit des Herzens, oder Ihres Herzens, immer weiterzuwollen, auch lernen zu wollen, ist die Fähigkeit, in der Musik, auch in der älteren Musik, etwas Neues zu sehen, sie wieder neu zu sehen?

MENAHEM PRESSLER: Ja, neu oder tiefer zu sehen. Ich spüre jetzt das Vollkommene in den kleinen »Lyrischen Stücken« von Grieg. Man hält doch Grieg eher für eine Art Zweitklassiker. Jetzt habe ich angefangen, sie alle zu lernen, um sie aufzunehmen. Je mehr man sie spielt, desto mehr sieht man, wie wunderschön sie sind.

HOLGER NOLTZE: Kann es auch andersherum gehen, dass einem der Schönheitssinn abhandenkommt?

MENAHEM PRESSLER: Ich kannte einen Pianisten, sehr berühmt, der irgendwann sozusagen ausgespielt war. Er konnte diese Musik nicht mehr spielen. Er wiederholte sich. Das schien mir ungeheuer, unerwartet, ungerecht! Schwer zu sagen, wie es dazu kam, welchen Fehler er gemacht hat. Im Unterricht hatte ich einen anderen, mit dem Chopin-Konzert, das er viel gespielt hat, und es war einfach weg. Man musste das mit ihm neu entdecken, wie schön das Stück ist.

HOLGER NOLTZE: Das geht?

MENAHEM PRESSLER: Das habe ich getan.

HOLGER NOLTZE: Wie macht man das dann? Wie kann man den Blick wieder öffnen für das, was man glaubt, so gut zu kennen?

MENAHEM PRESSLER: Indem man vorspielt. Ich konnte es ihm vorspielen, und ich konnte es ihm vorsingen. Und wie ich es gesungen habe *(singt)*, war ich von dieser Musik nicht nur beeindruckt, sondern entzückt. Dann ist es auch möglich, davon etwas weiterzugeben.

HOLGER NOLTZE: Die Musik muss durch das eigene Herz, und das hat vielleicht wieder mit Zeitlassen zu tun, denn so, wie Sie die Phrase jetzt gerade gesungen haben, merke ich, Sie haben eine eigene Zeit, in der Sie das singen. Es hat gar nicht so sehr viel mit schnell und langsam zu tun. Es geht darum, das Werk in diesem Moment sich ereignen zu lassen.

MENAHEM PRESSLER: Es hat wirklich nicht mit schnell oder langsam zu tun. Es hat damit zu tun, dass man sich wieder verliebt. Wenn man das sieht, ist es so wie ... – wie wenn man sich verliebt hat, als junger Mann. Aber in der Musik muss das Herz nicht altern. Und so hörst du diese Melodie, bist entzückt, wunderst dich, wieso der andere nicht entzückt sein kann. Und er selbst wundert sich auch: Warum ist der entzückt und ich nicht?

HOLGER NOLTZE: Warum das so ist …?

MENAHEM PRESSLER: Ein Geheimnis der Natur … Dass es gerade bei mir so sein soll, macht mich glücklich.

HOLGER NOLTZE: Jetzt machen Sie nach der Trio-Zeit noch mal eine späte neue Karriere als Solopianist, Sie werden zu Recht gefeiert, und man kann sich jetzt eigentlich gar nicht mehr über Sie unterhalten, ohne mit solchen Worten zu kommen wie »Weisheit«. Wie gehen Sie damit um?

MENAHEM PRESSLER: Ich weiß nicht, ob ich weise bin. Wenn Weisheit heißen soll, dass du über allem stehst, dann nicht im Geringsten. Ich empfinde nicht, dass ich über den Dingen stehe.

Ich bin glücklich, dass es mir vergönnt ist, diese großartigen Werke auszukosten, auszulöffeln, zu genießen und immer noch neue Schönheit dran zu finden. Dass ich weder Pfeffer brauche noch Meerrettich, noch Tabasco. Sondern dass ich das wirklich wahrnehmen kann und dass ich mit der Stärke eigentlich eines jungen Mannes empfinde: die Liebe, wahre Liebe. Das ist ein Geschenk von Gott. Wahre Liebe zu empfinden oder empfinden zu dürfen.

HOLGER NOLTZE: Denken Sie, wenn Sie das jetzt tun, an die Endlichkeit?

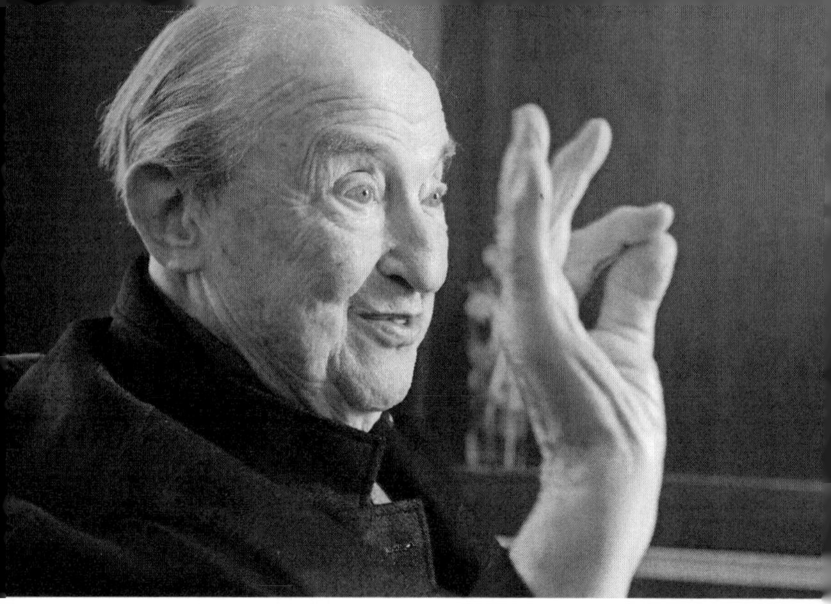

MENAHEM PRESSLER: Wer weiß? Sie kennen die Oper »Die Sache Makropulos« von Janáček? Die Frau will doch unbedingt sterben. Sie erlebt alles noch mal und noch mal, und sie verliebt sich wieder, und sie heiratet wieder, und er stirbt, und sie verliebt sich wieder und so weiter und wartet auf den Moment, in dem sie stirbt. Ich kann das nicht sagen, nein. Nein. Ich freue mich an jedem Moment, in dem ich lebe.

HOLGER NOLTZE: Fürchten Sie sich? Vor dem, was danach kommt?

MENAHEM PRESSLER: Nein, vorläufig nicht. Ich kann nicht sagen, dass ich Angst habe davor. In gewisser Hinsicht ist man ja vorbereitet. Du wirst älter und älter, und dann kommt die Zeit, wo es aufhört. Du musst vorbereitet sein darauf im Innern, im Herzen. Obwohl, ich kenne Leute, die 103 geworden sind, und der jüdische Ausdruck ist »bis 120«, weil Moses bis 120 gelebt hat. Wer weiß ...

HOLGER NOLTZE: Wer weiß.

MENAHEM PRESSLER: Mit Gottes Hilfe. Dass es weitergeht; dass ich weiter spielen darf und spielen kann; dass die Finger einem gehorchen; dass außer dem einen Finger, der etwas arthritisch ist, die Finger ganz frei sind; dass meine Hand schön ist, sich biegen darf, biegen kann.

HOLGER NOLTZE: Dass Sie hören können.

MENAHEM PRESSLER: Dass ich hören kann und sehen kann.

HOLGER NOLTZE: Ist Musik vielleicht die Kunst, die so einem Blick aufs Leben, wie Sie ihn haben, besonders nahe kommt, weil sie eigentlich immer flüchtig ist, weil sie immer, wenn sie da ist, auch schon verklingt? Wir können sie nicht halten.

MENAHEM PRESSLER: So ist es. Als Pianist erfährt man dieses Flüchtige besonders, der Moment ist vorbei. Zum Glück gibt es Platten, die diesen Moment festhalten.

HOLGER NOLTZE: Können sie das? Können die Konserven das?

MENAHEM PRESSLER: Zum Teil. Du musst den Moment gehört haben, sodass die Platte dir das wieder wachrufen kann.

HOLGER NOLTZE: Eine Erinnerung an das Live-Gefühl.

MENAHEM PRESSLER: Ja. Die Platte alleine ist nicht genug. Du musst das erlebt haben und gehört haben und diese Klangfarbe gehört haben. Denn ich hab eine ganz spezielle Klangfarbe und ein ganz spezielles Klangideal. Man hört es, man kann sich erinnern. Aber schließlich und endlich, ein Bild ist ein Bild. Die Wirklichkeit ist mehr als ein Bild.

2. TAG

»Was ist so schön an der Musik, wenn nicht die Wahrheit?«

Musik machen

HOLGER NOLTZE: Heute möchte ich mit Ihnen über Kammermusik sprechen, vor allem über das Spielen im Trio …

MENAHEM PRESSLER: … in dem man ja ungefähr wie in einem Streichquartett spielen muss. Man muss schauen, wie das Thema geht, wo das erste ist und wo das zweite. Und wie geht es weiter – wer trägt die Melodie, wen muss man unterstützen, was ist der Part der zweiten Geige, oder was ist der Part des Cellos oder des Klaviers? In einem Trio ist der Pianist natürlich Primus inter Pares. Er muss gleich hoch geschätzt werden, er muss genauso geschätzt sein wie der Cellist und der Geiger. Aber wenn man sich die Trio-Literatur anguckt, ist das Klavier meist der Primus. Es nimmt dann Verantwortung und Aufsicht auf sich, die sonst nicht so einfach zuzuweisen sind. Die erste Frage ist: Wie spielst du das Thema? Du musst es doch so spielen, dass die anderen es auch spielen können. Das bedingt zuerst, dass der Anschlag nicht auf die Weise piano ist, wie meist üblich. Das heißt, die Taste runterdrücken, und der Klang kommt sofort. Die Geige und das Cello, wenn die anlegen und spielen, kommt der Ton nicht sofort, darf er ja auch nicht. Sie versuchen den Bogen so zu führen, dass er nicht anfängt mit so einem Kratzen, *krcht*, im Ansatz. Das mit dem Klavier zu erreichen ist furchtbar schwer. Aber es ist mir immer gelungen – also schon von Anfang an, ich weiß nicht, warum, es war da. Auf diese Dinge zu hören ist das Allerwesentlichste. Überhaupt, natürlich: Zuhören.

HOLGER NOLTZE: Sie gucken aber auch viel.

MENAHEM PRESSLER: Ja, ich hab enorm auf die anderen geschaut. Enorm. Vielleicht zu viel, ich weiß nicht. Greenhouse saß immer mit dem Rücken zu mir, aber er konnte den Kopf so leicht wenden, dass ich seine Augen sehen konnte und er meine. Sodass ich sehen konnte, was er tut. Und er saß doch an der Ecke, wo das Klavier am lautesten ist. Das Klavier dann so zu behandeln, dass er von der Lautstärke des Klaviers nicht überrollt wurde, das ist mir gelungen.

Als ich das erste Trio hatte, in Israel, mit dem Sohn von Golda Meir, da habe ich darauf noch überhaupt nicht geachtet, das spielte gar keine Rolle.

HOLGER NOLTZE: Also, dass das Wichtige bei der Kammermusik und natürlich beim Klaviertrio die Kommunikation ist, leuchtet sofort ein, aber vielleicht können Sie uns noch ein bisschen darüber verraten, wie Sie das gemacht haben? Gucken ist ja das eine, aber es gibt ja unendlich viel mehr zwischen den Akteuren, als wir im Publikum sehen können.

MENAHEM PRESSLER: Was wichtig ist: Wenn der Cellist oder der Geiger in ihrer Interpretation die Zeit verlängern, einfach länger oder kürzer werden, weil sie das Thema kreieren, und das mit ihrem Instrument gut geht, dass ich dann verstehen musste, dass der Ton von ihnen anders kommt, als wenn du mit dem Finger die Taste drückst. Das hab ich verstanden, und dann habe ich diese Zeit eben flexibel behandelt.

HOLGER NOLTZE: Sie reagieren da auf die anderen, Primus hin oder her?

MENAHEM PRESSLER: Immer!

HOLGER NOLTZE: Müssen die anderen auch auf Sie reagieren, weil etwa Sie schneller werden?

MENAHEM PRESSLER: Immer. Immer! Manchmal war ich ja auch langsamer. Es gibt diese berühmte Geschichte mit dem Klaviertrio von Ravel. Wir lernten es, und Guilet kam ja vom Calvet-Quartett, die hatten es mit Ravel selbst gespielt, sind mit ihm gereist, waren auf Tournee. Ravel hatte das Metronom angegeben, aber es war mir zu schnell. Ich konnte es so nicht spielen … Das Tempo hat mir das Stück weggenommen. Als ich das sagte, meinten die beiden: »Bist du wahnsinnig geworden? Wir haben Ravels Metronom, und du willst uns sagen, du nimmst dein anderes Tempo?« – Da hab ich ihnen gesagt: »Ihr müsst das verstehen, in diesem Tempo kann ich den Inhalt nicht finden!« Die beiden waren gar nicht einverstanden und haben weiter darauf gedrungen, dass wir uns an das Metronom von Ravel halten.

Und dann mit einem Mal erzählte Guilet mir eine Geschichte, wie das Calvet-Quartett Ravel sein Quartett vorspielte und wie Ravel beim letzten Satz meinte, warum sie das denn so schnell spielten. Und Calvet antwortete: »Maestro, das ist Ihr Metronom.« Hmmm. Und Ravel fragte dann, ob sie ein bestimmtes Quartett kennen würden. »Wie die den letzten Satz spielen, das habe ich gerne!« Und die haben es langsamer gespielt. Als ich das gehört hab, gab mir das recht. Und dann haben wir es langsamer gespielt, wie ich es spielen konnte!

HOLGER NOLTZE: Wie war das im ersten Beaux Arts Trio? Da waren Sie der junge, neben Guilet, der mehr als zwanzig Jahre älter war.

MENAHEM PRESSLER: Das mit Guilet war für mich das erste wirklich seriöse Trio, und es war eine Art von

Offenbarung. Ja. Da musste gleich alles stimmen: das Zusammenspiel; das Verständnis, was die Phrase ist; das Verstehen, wo der Hauptpunkt in der Phrase liegt. Er hat mich oft gekränkt, aber ich war nie beleidigt. Denn er sagte mir Sachen, die mir enorm wichtig wurden. Wie etwas klingen kann. Und wie er mir *Schönheit* zeigte. Ich selbst war überrascht, dass ich das dann konnte und dass ich ihn verstand.

HOLGER NOLTZE: War der Grund für diese Autorität, dass Guilet Toscaninis Konzertmeister gewesen war?

MENAHEM PRESSLER: Nein. Natürlich war er eine Autorität. Aber für mich war er das viel mehr, weil er im Calvet-Quartett zweiter Geiger war und erster Geiger in seinem eigenen.

HOLGER NOLTZE: Noch einmal zu Ihrem Ton, Ihrem Beitrag zum Trio-Spiel. Sie haben das Licht erwähnt, die Klarheit, die er hat. Ich habe den Eindruck, es hat viel damit zu tun, wie der Klang des einzelnen Tons fokussiert ist, dass der einzelne Ton immer der einzelne Ton bleibt, markant, nie eckig. Aber auch ein Legato ist gebildet aus diesen einzelnen Tönen und nicht aus einer verschwommenen Bewegung.

MENAHEM PRESSLER: Ja, dazu kommt ihre Zusammensetzung im Akkord und die Bewegung der Phrase – das alles ist wesentlich. Ich höre es ja selbst, und ich war in dem Punkt immer ziemlich sicher. Nicht sicher in der Hinsicht, dass ich dachte: Ach, niemand kann so spielen! Aber ich war sicher, es ist etwas Besonderes, wie ich es mache und wie ich mit den anderen zusammenspiele.

HOLGER NOLTZE: Vielleicht hat zu dieser Kommunikativität ja auch beigetragen, dass Sie nicht als Star, jedenfalls nicht mit einem Star-Bewusstsein ins Trio gekommen sind. Sie konnten sich auf die anderen einstellen.

MENAHEM PRESSLER: Nicht als Star, nein, überhaupt nicht. Also diese Form des extrem nahen Zusammenspiels, wie wir es erreicht hatten, die existiert nicht so oft. Das ist kein Zufall. Das ist wirkliche Hingabe, und diese Hingabe müssen alle drei mitbringen. Sie war am stärksten am Anfang. Sie war auch sehr intensiv am Schluss mit Daniel Hope und Antonio Meneses … Aber da war sie anders, da war ich sozusagen der Antrieb, der Motor. Beim ersten Beaux Arts war Guilet der Motor, und Bernie Greenhouse, der doch schon viel Erfahrung hatte, hat das mitgemacht, obwohl er schon oft beleidigt war und so weiter und so weiter. Er hat es mitgemacht und wusste, dass dieser Motor ganz besonders war.

HOLGER NOLTZE: Ich möchte gern noch eine Besonderheit Ihres Spiels ansprechen, das Beispiel ist eines des Solisten Pressler, scheint mir aber symptomatisch:

Chopin, das cis-Moll-Nocturne, das Sie gerne als Zugabe spielen, das Sie ganz besonders spielen. Das hat, nachdem es losgegangen ist, so einen markanten Sprung aufs Cis. Dieses Cis spielen die meisten wie eine Triumphgeste, wie einen Blitz, wie einen plötzlichen Effekt. Und ich höre, dass Sie das ganz anders machen, dass Sie kurz vor diesem Blitz wie innehalten und den einfach kommen lassen, diesen Ton.

MENAHEM PRESSLER: Ja, nun, ich liebe das »Nocturne«. Wissen Sie, wie ich es entdeckte? Ein polnischer Pianist, der nach Israel kam, spielte das. Ich konnte es nirgends finden, und ich guckte mir alle »Nocturnes« an, und es war nicht da.

HOLGER NOLTZE: Es gehört zu den posthumen.

MENAHEM PRESSLER: Eben. Chopin hat es ins Tagebuch seiner Schwester geschrieben. Dann begann ich, es zu lernen – damals als junger Solist war eine meiner Spezialitäten das zweite Chopin-Konzert, das ja in dem Nocturne zitiert wird; ich hab beide aufgenommen, aber vor allem das zweite habe ich sehr viel gespielt. Und das zweite hat dieses *tadadadim pom pom*, das Motiv wird eingeführt vom Horn, und dann kommt das Klavier, und ich habe versucht, das zu imitieren, ich als der Hornist, und dann kommt ja diese Art Mazurka. Das Stück wurde mir immer vertrauter, diese wunderschöne Passage besonders am Schluss, wenn sie ganz runtergeht, und dann kommt die erste zum G, und dann geht es ganz rauf und kommt zurück zum G. Ich würde sagen: In meinen Augen und wie ich es spielte – das war kreativ. Es wurde von mir komponiert. Als hätte ich das alles mal bei Chopin abgeschrieben und spielte es mit großer, großer, großer Liebe. Ja.

HOLGER NOLTZE: Wir reden ja über Geheimnisse und plaudern sie teilweise aus, alle natürlich nicht. Aber das scheint mir eben ein Teil des Geheimnisses zu sein, dass eine Phrase oder eine Bewegung, die in der Musik angelegt ist – gerade in der virtuosen Musik –, dass Sie die häufig dämpfen, dass Sie sich nicht im Sturmlauf auf die Zielnote werfen, sondern kurz vor der Zielnote kommt so ein Moment …

MENAHEM PRESSLER: … der Ruhe …

HOLGER NOLTZE: … ein Moment der Ruhe. Und dann ereignet es sich.

MENAHEM PRESSLER: Stimmt, ja. Noch eines meiner Chopin-Lieblingsstücke ist die Mazurka in a-Moll Opus 17, Nummer 4.

HOLGER NOLTZE: Eigentlich ein einfaches Stück …

MENAHEM PRESSLER: Och … *(singt den Anfang)*. Also ich tanze irgendwo, ist ja eine Mazurka, aber ich leide den

Rest des Weges, er leidet in dieser Mazurka. Er beginnt es mit einer Frage »Warum?«. Und er beendet es mit der Frage »Warum?«. Er konnte es nicht beantworten. Ja, ich liebe diese Mazurka besonders, *besonders*, und spiele sie auch – manchmal – sehr schön.

HOLGER NOLTZE: Im ersten Chopin-Konzert, auf der Platte, die Sie erwähnt haben, da fangen Sie machtvoll an – wie man das anfangen muss. Aber dann nehmen Sie es sofort zurück; es wird sofort anders beleuchtet. Es ist ein anderes Licht, es ist ein warmes Sonnenlicht, was darauf fällt, und es ist nicht dieses grelle Virtuosentum.

MENAHEM PRESSLER: Nein, denn das hatte ich nie gerne. Ich habe es oft so gehört. Aber ich konnte das Grelle nie hervorheben.

HOLGER NOLTZE: Konnte oder wollte?

MENAHEM PRESSLER: Wollte! Ich konnte es nicht, weil ich es emotional nicht konnte. Ich konnte es technisch, sicher. Zu der Zeit hab ich die Liszt-Sonate sehr gut gespielt, all diese Sachen … Nur durfte ich dann zu Hause nicht mehr Liszt üben, denn meine Frau konnte Liszt nicht ausstehen. Nur die Sonate mochte sie, auch die »Mephisto-Walzer« und die »Dante-Sonate« …

HOLGER NOLTZE: Was bedeutet Ihnen Virtuosität?

MENAHEM PRESSLER: Wunderschöner Klang, der das Stück *kleidet*. Nicht zum Selbstgefallen. Das kommt wohl von meinen Lehrern, in der Busoni-Tradition. Die sprachen immer von dem Stück, von der Eigenart, wie es gemacht ist. Du musst dich nicht zeigen, zeig das Stück – darum geht's.

HOLGER NOLTZE: Das wäre ja ein analytischer Zugang …

MENAHEM PRESSLER: Aber das meine ich nicht. Man kann es so nennen. Aber wie macht das Stück das, dass es 150 Jahre wunderschön ist und dass wir es neu entdecken, dass eigentlich jede Generation es neu entdeckt?

HOLGER NOLTZE: Das Neuentdecken erkenne ich wieder. Die Haltung des Entdeckens, etwa wenn Sie Wiederholungen spielen: Sie spielen nämlich keine Wiederholungen.

MENAHEM PRESSLER: Niemals. Niemals! Ich bestehe darauf, nein: niemals.

HOLGER NOLTZE: Es ist *nie* gleich.

MENAHEM PRESSLER: Tja, ich sage als Lehrer meinen Schülern: »Warum wiederholst du, das ist ja langweilig!« Dass ich es selbst nie getan habe, war selbstverständlich, ich musste mich nicht ermahnen. Das war

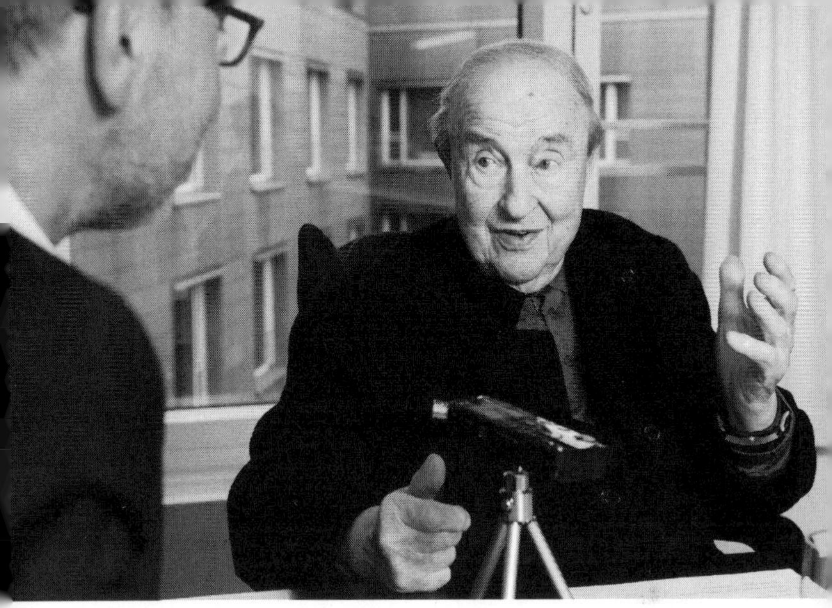

selbstverständlich. Aber ich hatte einen Schüler, für den war es nicht selbstverständlich, der tat es. Und da hab ich zu ihm gesagt: »Glaubst du, dass es eine Wiederholung gibt, die genau dasselbe noch einmal zeigt?« – Es dauert, bis Schüler verstanden haben, dass es eine Agogik in der Musik genau wie in der Sprache gibt, wo du sagen kannst: *Ich lade dich ein …; ich* lade dich ein zum Abendbrot, ich lade dich *ein* zum *Abendbrot*. Und ich konnte es in jeder Weise sagen und habe es auch in jeder Weise gesagt.

HOLGER NOLTZE: Leuchtet mir ganz ein. Wie vermeidet man aber, dass das Nicht-wiederholen-Wollen selbst zu einer Art Verkrampfung führt? Zum Diktat, es anders machen zu müssen.

MENAHEM PRESSLER: Das ist eben die Sache: Wenn ich sage: »Ich lade dich *ein*«, oder: »Ich lade dich ein *zum Abendbrot*«, dann ist das ja nicht verkrampft. Das ist ja ganz natürlich, der Ausdruck ist ganz natürlich.

HOLGER NOLTZE: Aber die Noten sind die gleichen. Ich verändere den Satz nicht.

MENAHEM PRESSLER: Die Worte sind die gleichen. So wie die Noten.

HOLGER NOLTZE: Es ist ein anderer Gedanke dahinter?

MENAHEM PRESSLER: Nein, es ist derselbe Gedanke, aber der Gedanke ist … nun … er ist darum anders, weil ich es *noch mal* sage.

HOLGER NOLTZE: Noch ein Aspekt ist die Wärme. Wir haben schon ein bisschen darüber gesprochen, wie Sie den Steinway zum Singen bringen. Wie kommt die Wärme zustande, und wo kommen die Farben her?

MENAHEM PRESSLER: Eine dumme Antwort wäre: Ich bin damit geboren. Die richtige Antwort ist: Ich bin damit geboren, aber ich wurde auch darauf aufmerksam. Ich habe es bemerkt, und ich habe es benutzt, und ich habe es geübt, und ich habe es verstanden. Das ist die richtige Antwort, die ehrliche Antwort.

Warum sage ich das? Jedes Mal, wenn ich ein bestimmtes gutes, ziemlich berühmtes Trio höre – den Namen möchte ich nicht nennen –, dann missfällt es mir enorm. Alle drei sind meine Freunde. Aber jedes Mal, wenn sie ein Stück spielen, verderben sie das Stück für mich. Weil es nicht in die Tiefe geht, es geht nicht in die Schönheit. Es geht in die Sauberkeit. Sie spielen zusammen, sie spielen sauber. Sie spielen sogar etwas schneller, als es manchmal nötig ist, aber dann haben sie eine Brillanz, und dafür werden sie belohnt. Aber bei mir werden sie nicht belohnt! Ich empfinde es so, dass sie an dem Werk vorbeigehen, um sich zu zeigen.

Oder ein junger Pianist, fantastisch begabt, der spielte Tschaikowsky. Und ich war im Konzert und sagte ihm und meinte es auch so: »Deine Begabung ist groß, ist sehr, sehr groß. Allerdings kein Vergleich zur Begabung von Tschaikowsky. Seine Begabung ist viel, viel größer. Und ganz egal, wie glänzend du es spielen könntest und kannst, es ist nur dann richtig großartig, wenn du Tschaikowsky dienst.« – Er ist phänomenal, aber doch kein Tschaikowsky, kein Rachmaninow. Diese Männer haben etwas Gewaltiges, und deswegen spielt man sie, deswegen sind sie berühmt, mit Recht.

HOLGER NOLTZE: Inwiefern ist die Partitur das Maß aller Dinge? Wo ist die Grenze der Individualität? Ist der Text die Grenze des subjektiven Ausdrucks, oder sehen Sie die Noten als Sprungbrett Ihrer Gestaltung?

MENAHEM PRESSLER: Wenn Sie den Papst fragen würden, was die Bibel ist, was würde er antworten? Er liest die Bibel, aber er liest sie nicht nur, er verkörpert sie gewissermaßen. Er liest *aus* der Bibel. Wenn Sie das Gleiche den Oberrabbiner fragen, wenn er die Thora öffnet, in der er liest – was so schwer ist, da gibt es diese kleinen Zeichen, die dir sagen, wie du singen musst. Ob die Note nach oben geht oder die zur Seite oder runtergeht. Und jeder Junge, der dreizehn wird, muss in der Woche, in der er Geburtstag hat, seinen Teil aus der Schrift lernen. Richtig lernen, nicht nur lesen. Nicht so einfach. – Und dann musst du es singen können, wie es vorgeschrieben ist. Nun, es gibt wunderbare Kantoren, die haben eine herrliche Stimme. Die singen herrlich, was geschrieben steht, davon gibt es Platten ... Ich war der Pianist, der seine Schrift so gesehen hat: treu seiner Bibel.

HOLGER NOLTZE: Sie haben Momente beschrieben, in denen Sie sich als Zunge Beethovens gefühlt haben oder als das Herz von Chopin, wenn Sie das zweite Konzert spielen.

MENAHEM PRESSLER: Das ist ziemlich anmaßend, ja ...

HOLGER NOLTZE: ... aber es sagt ja etwas. Das heißt, es gibt eine starke Identifikation mit dem Werk ...

MENAHEM PRESSLER: Oh ja!

HOLGER NOLTZE: … und das ist doch ein eigentlich fast mystischer Vorgang. Es gibt die Unio mystica zwischen dem, der spricht, und dem, was gesprochen wird. Im Grunde auch ein romantisches Konzept, eine romantische Idee.

MENAHEM PRESSLER: Ja …?

HOLGER NOLTZE: Und auf der anderen Seite gibt es diese äußerste Treue zum Text und die Gewissheit, dass das, was dadrin steht, das genau Richtige ist.

MENAHEM PRESSLER: Das heilige Buch.

HOLGER NOLTZE: Das heilige Buch! Also es geht um Glauben, vielleicht sogar Mystik, aber auf der Basis von Wissen und genauer Textkenntnis.

MENAHEM PRESSLER: Das Erste ist das heilige Buch, und ich lerne aus dem heiligen Buch. Und ich bin da sehr genau – obwohl, früher kaufte ich immer die billigen Ausgaben und erst später die besseren. Eine der *besten* für Beethoven ist übrigens die von Arrau. Er hat alle Versionen verglichen, und Beethoven selbst hat ja Fehler gemacht und die dann auch im Druck übersehen.

HOLGER NOLTZE: Vielleicht waren es ja auch keine Fehler. – Beethoven.

MENAHEM PRESSLER: Ja … Trotzdem, es waren Fehler von Beethoven, es war klar, dass er die übersehen hat. Vergessen Sie nicht, er war krank.

HOLGER NOLTZE: Und er hatte eine Sauklaue.

MENAHEM PRESSLER: Er hatte eine Sauklaue. Und er war ärgerlich, er war verärgert über alles Mögliche. Wenn man seine Gespräche sieht: Über alles war er wütend. Also, es sind ihm Fehler passiert, und die blieben stehen. Aber trotz alledem, wenn man bedenkt – und das ist wirklich das Großartigste –, dass so ein Mann, der mit 32 sein Gehör verliert, weiter komponiert. Schöner und schöner und großartiger und besser. Das ist nicht zu glauben.

HOLGER NOLTZE: Es ist nicht zu glauben.

MENAHEM PRESSLER: Und wie er dann die »Hammerklaviersonate« schreibt und danach die 9. Symphonie. Und mit einmal sieht er, dass das, was er machen wollte in der 9. Symphonie: eine Riesenfuge, die die Symphonie beendet, dass ihm das nicht mehr genügt. Er braucht den Chor. – Freude, schöner Götterfunken …

HOLGER NOLTZE: Viele bringt das in Verlegenheit, Herr Pressler. Viele bringt dieser Schlusschor in Verlegenheit, und Beethoven selber hat ja auch kritisch darauf geguckt, hinterher.

MENAHEM PRESSLER: Ja, er war kritisch.

HOLGER NOLTZE: Wie geht es Ihnen mit dem Ende?

MENAHEM PRESSLER: Ich liebe es. Ich liebe es, es ist wunderschön, und es ist so erhebend. Man hört es, und man ist ein besserer Mensch dadurch.

HOLGER NOLTZE: Es ist aber ganz einfache Musik nach der komplexen Musik, die er vorher schreibt.

MENAHEM PRESSLER: Stimmt. Auch Mozart war immer einfach, auf seine Weise, und das war Beethovens Ideal. Also es war einfach, und das war sozusagen sein Ideal, die Sprache dafür war einfach.

HOLGER NOLTZE: Das Schöne … – Wie ist das bei Beethoven? Es gibt Stellen bei Beethoven, die sind kein bisschen klassisch gerundet, da will einer mit dem Kopf durch die Wand. Es ist eine rabiate Musik, eine gewalttätige Musik. Eine Musik, die man nur noch sehr von fern, also nicht auf den ersten Blick jedenfalls, als schön bezeichnen würde. Die »Große Fuge« in B-Dur ist nicht auf den ersten Blick schön im Sinne von Wohlklang.

MENAHEM PRESSLER: Nein, nein. Auch nicht die Doppelfuge in den »Diabelli-Variationen« … Wie Bülow meinte, wenn alles von Beethoven vernichtet wäre und nur die »Diabelli-Variationen«geblieben wären, hätte man den ganzen Beethoven rekonstruieren können. Das stimmt gar nicht.

HOLGER NOLTZE: Nö.

MENAHEM PRESSLER: Nein, stimmt nicht. Was stimmt, ist: Wie kann ein Mann aus so etwas Ordinärem ein so gewaltiges Werk machen? *(singt)* Nichts könnte doch vulgärer und einfacher sein! Und dann nimmt es sich ein Beethoven vor, der beleidigt war, dass er nur einer von 32 Komponisten war, an die Diabelli geschrieben hat, dass sie eine Variation beisteuern sollten …

HOLGER NOLTZE: … und dann gesagt hat: Jetzt schreib ich 33.

MENAHEM PRESSLER: Ja, selbstverständlich! Und dann ist die 33. ein Menuett – das ist schon gewaltig … Als ich es lernte, war ich sehr jung, denn ich lernte es zum Geburtstag meines Lehrers und spielte einen Abend, spielte die …

HOLGER NOLTZE: Für Kestenberg haben Sie das gespielt?

MENAHEM PRESSLER: Für Kestenberg … Ich spielte die »Pathétique« und die »Diabelli-Variationen«, die ganze Sache. Ich war sehr jung, vielleicht zu jung, bestimmt zu jung. Aber das hat so viel für mich bedeutet, und diese Bedeutung hat immer noch zugenommen. Also insofern …

HOLGER NOLTZE: … insofern ist man immer zu jung.

MENAHEM PRESSLER: Immer. Der Einzige, den ich damals hörte und der es ganz intim und fantastisch machen konnte, das war Schnabel. Der hat mir mehr gefallen mit seinen falschen Noten …

HOLGER NOLTZE: … als mancher mit nur richtigen?

MENAHEM PRESSLER: Er suchte ja und fand Inspiration, und dafür hat er gelegentlich auch ziemlich viele falsche Noten in Kauf genommen. Das war mir nicht so wichtig. Richtig entdeckt habe ich Schnabel mit dem vierten Klavierkonzert von Beethoven, und diese Bewunderung ist geblieben. In gewisser Hinsicht bin ich jetzt ja vielleicht eine Art von – das klingt furchtbar –, eine Art von Schnabel. In meiner Art.

Ich habe es erlebt, gelebt, geliebt, gearbeitet, verstanden und bringe es zum Ausdruck für die Welt. Das ist nicht mehr nur ein Suchen, wie es mal war. Denn ich habe viele Sachen gefunden, auf die ich mich verlassen kann. Ich erlaube es mir heute, mit einundneunzig, mit einundneunzigeinhalb, klar zu sehen, dass ich wichtige Momente schaffe. Dass, wenn ich etwas zum Ausdruck bringe als Pianist – im Klavierkonzert, im

Klavierabend –, dann ist es eben nicht nur ein Konzert, sondern es ist auch ein Statement, ja? Es bedeutet: Hier, hört euch an, was ich gefunden habe! Was ein ganzes Leben gebraucht hat, um gereinigt und gesäubert dazustehen, um es zum Ausdruck zu bringen. Ich kenne das Werk tiefer als die meisten. Und es steht da, ich stehe dafür, und ich habe das Recht, dafür zu stehen.

HOLGER NOLTZE: Genau so ist es! – Können Sie uns denn dann sagen, was Sie bei Schnabel beobachtet haben, was Sie im vierten Beethoven-Konzert bei ihm gehört haben? Wo diese Inspiration herkommt? Ist es nur die lange Zeit?

MENAHEM PRESSLER: Wo die Inspiration herkommt, das ist ein Geheimnis.

HOLGER NOLTZE: Wessen Geheimnis?

MENAHEM PRESSLER: Seins. Meins. Wir wissen es nämlich nicht. Wenn wir den Geist in eine kleine Flasche stecken könnten und dann jedes Mal rauslassen, wenn man ihn braucht. Wäre man dann glücklich, ja? – Nein.

HOLGER NOLTZE: Es würde nicht funktionieren.

MENAHEM PRESSLER: Als ich ihn hörte und dieser erste Akkord war so durchsichtig, die erste Passage in dem Konzert, *teeeei pampida* … Ich konnte mir vorstellen, wie ein Sopran diese Tonleiter singt, ganz schwebend. So habe ich es gehört. Vielleicht hat er es gar nicht so gemeint, aber diesen Eindruck hat er auf mich gemacht. Er war ja enorm genau in diesen kleinen Phrasen bei Beethoven. Das ist mir sehr aufgefallen. Später fand ich es ein wenig übertrieben. Damals hat mir das alles ungemein gefallen. Aber vor allem ist es Inspiration, die ihn so groß gemacht hat, wirklich, in meinen Augen – und eigentlich in jedermanns Augen. Ja, er war was ganz Besonderes, was Inspiration angeht. Hat mir viel bedeutet.

HOLGER NOLTZE: Aber Sie haben nie mit ihm gesprochen. Sie haben im gleichen Hotel in New York gewohnt, Sie haben ihn getroffen, im Aufzug, aber sie haben kein Wort mit ihm gesprochen.

MENAHEM PRESSLER: Nie. Und zwar weil ihm der erste Geiger des Budapest Quartet von einem jungen Mann namens Menahem Pressler erzählt hatte, der in San Francisco den Debussy-Wettbewerb gewonnen hatte, und Schnabel sagte: »Aber mein Lieber, jeder kann doch Debussy spielen.«

HOLGER NOLTZE: *Da* waren Sie beleidigt!

MENAHEM PRESSLER: Da war ich tief beleidigt. Was dumm war.

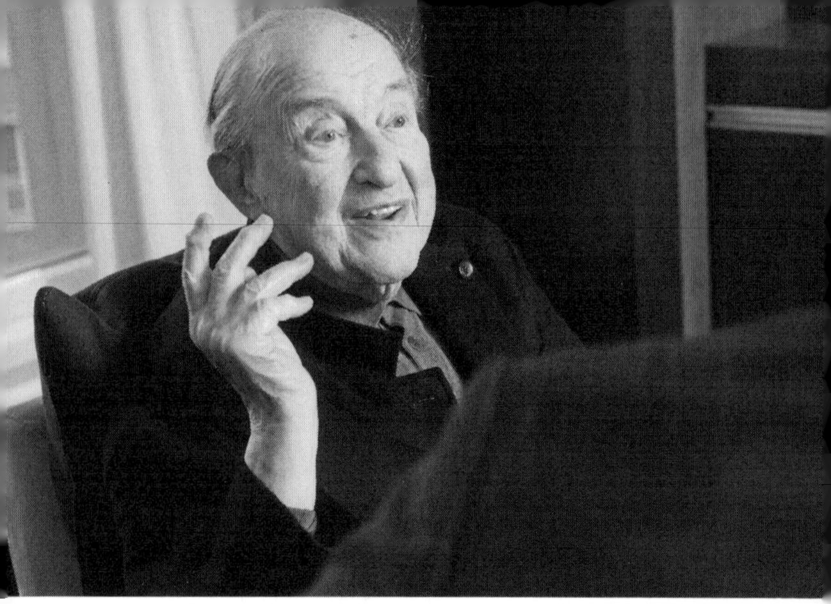

HOLGER NOLTZE: Aber dumm ist doch auch der Satz: Debussy kann jeder spielen.

MENAHEM PRESSLER: Ja, nein, das schon, ich wusste, dass kann nicht jeder spielen. Und es kommt dazu: Schnabel hat ihn ja nie gespielt.

HOLGER NOLTZE: Deshalb hat er das gesagt!

MENAHEM PRESSLER: Deswegen konnte er so was sagen. Denn zu behaupten, jeder könnte das spielen, nun, das stimmt nicht.

HOLGER NOLTZE: Aber so ist es nie zu einem direkten Gespräch zwischen Ihnen gekommen?

MENAHEM PRESSLER: Nein, und als ich ihn dann im Fahrstuhl sah, da stand ich auf meiner Seite und hab gar nicht … Er wusste sicher nicht, dass ich ein junger Pianist war …

HOLGER NOLTZE: Er hat Sie nicht erkannt?

MENAHEM PRESSLER: Nein. Er konnte mich gar nicht erkennen. Er ging kaum in Konzerte. Ich hörte ihn in einem großen Konzert in der Carnegie Hall, wo er mit seinem Sohn auftrat und wo er zum Schluss das letzte Mozart-Konzert spielte. Großartig. Er saß am Klavier wie jemand, der einen *typewriter* gebraucht. Aber was rauskam, war …

HOLGER NOLTZE: … nicht Schreibmaschine.

MENAHEM PRESSLER: Keine Schreibmaschine. Und ich ging von der Carnegie Hall in der 57. zu meinem Hotel »Peter Stuyvesant«, wo er auch gewohnt hat, in der 96. Straße … Ich ging diesen Weg wie auf Wolken. Zutiefst inspiriert.

HOLGER NOLTZE: Sie sagen, das, was Sie jetzt spielen, ist ein Statement, und man hört, dass Sie sich sehr stark auf eine Tradition beziehen, die Sie benennen können und erklären: In einer lebenslangen Suche habe ich das gefunden, jetzt gefunden. – Machen Sie sich Sorgen darum, wie es mit dem Klavierspielen weitergeht? Sie sind ja sehr kritisch mit vielen jüngeren Pianisten.

MENAHEM PRESSLER: Ja! Ich sorge mich, wenn ich unterrichte, und werde mich weiter sorgen, solange ich unterrichten kann und unterrichten darf.

HOLGER NOLTZE: Aber das gehört zum Lehrersein dazu, dass man besorgt ist und immer noch weiterwill. Ich meinte, was das Klavierspielen im Großen und Ganzen angeht.

MENAHEM PRESSLER: Man muss sich sorgen.

HOLGER NOLTZE: So, wie wir gerade über Schnabel sprachen – da war etwas, es war etwas Besonderes –, wird man in fünfzig Jahren so über Pressler sprechen und sagen: Da war etwas, und es ist eigentlich nicht mehr da?

MENAHEM PRESSLER: Ich würde mich freuen, wenn man so von Pressler sprechen würde. – Die Schmerzen hat er gehabt. Die Herzschmerzen zu lernen, hat er gehabt. Das Lernen selbst … die Mühen, es zu lernen, und es richtig zu lernen, hat er gehabt. Die Wehen, die es braucht, um ein Baby auf die Welt zu bringen, die muss man durchstehen … Und mit der Musik habe ich die durchgestanden. Die habe ich bestimmt gehabt. Es war nie selbstverständlich …

Auch wenn mir früher manches leichter fiel, natürlich ... Ich hatte mal Simon Barere gehört mit Balakirew, »Islamey«, der konnte das ja so virtuos spielen wie kein Zweiter, auch nicht Horowitz. Und als ich nach dem Konzert hinter die Bühne ging, um ihm zu gratulieren, da sagte er mir: »Du hast so schöne Hände, die sich biegen und alles machen, wie du es willst!« Damals hab ich da nicht drauf geachtet ... – Mir gefiel, wie Barere das spielte und nie eine Note ausließ. Horowitz spielte das mit viel mehr Tiefe, auch wenn er mal Noten ausließ. – Aber die Klangideale, die ich hatte und die ich mir erwarb und um die ich kämpfte – die kamen *natürlich*. Sicher mit der Hilfe meiner Freunde aus dem ersten Trio. Aber ich hatte das von Anfang an, und als wir die *Community Concerts* gaben, da spielte ich mal als Solostück die »Rigoletto-Paraphrase« von Liszt. Und als ich von der Bühne kam, da hat Greenhouse so die Hand gedreht – als ob ich das noch mal spielen würde und noch mal ... Aber ich habe das mit viel Freude gespielt.

HOLGER NOLTZE: Es ist ja auch tolle Musik.

MENAHEM PRESSLER: Es ist ein fantastisches Stück!

HOLGER NOLTZE: Das ist es. Und Verdi ist kein Leierkastenmann! – Ich habe Ihnen etwas ganz anderes mitgebracht, das hat nichts von Oper, eine Musik, die ich mit Ihnen zusammen hören möchte. Wir sprachen schon darüber, Beethoven Opus 110, der letzte Satz.

(Musik: Beethoven, Klaviersonate op. 110, III. Adagio ma non troppo – Fuga: Allegro ma non troppo)

HOLGER NOLTZE: Wie hören Sie das?

MENAHEM PRESSLER: Oh, also es war wunderschön gespielt.

HOLGER NOLTZE: Ja, das war Menahem Pressler, ein sehr guter Pianist.[8]

MENAHEM PRESSLER: Das dachte ich auch. *(Lachen)* Nein, es war wirklich sehr gut gespielt und tief empfunden und die Bewegungen ganz natürlich.

HOLGER NOLTZE: Was bedeutet diese Musik? Was sagt Beethoven da? Denn dass er was *sagt*, ist ja klar.

MENAHEM PRESSLER: Das ist keine Frage, ja, er spricht. Absolut spricht er. Diese Musik hat mein ganzes Leben lang etwas bedeutet: von den Tagen an, als ich sie lernte; von den Tagen an, als ich ohnmächtig wurde in dem Studio von meinem Lehrer …

HOLGER NOLTZE: Es war bei dieser Sonate …

MENAHEM PRESSLER: Und es war bei diesem langsamen Satz … Es ist die Erinnerung an die Zeit, die ich brauchte, bis ich überwunden hatte, was die Emigration für mich bedeutete – dass ich dann wieder atmen konnte, dass ich wieder essen konnte …

HOLGER NOLTZE: Dass Sie in Ohnmacht gefallen sind oder dass Sie einen Schwächeanfall hatten am Klavier, war das allein die körperliche Schwäche?

MENAHEM PRESSLER: Es war die körperliche Schwäche, ganz sicher, aber es war auch die Intensität, mit der ich diese Musik spielen wollte. Ich wollte meinem Lehrer zeigen, wie tief ich sie fühlen kann und was sie für mich bedeutet. Ich hab diese Sonate oft gespielt, auch ein paar Mal aufgenommen – sie war mir ein Trost, ich habe sie immer sehr geliebt …

HOLGER NOLTZE: Wir hatten schon über Beethoven gesprochen, über die Stellen, die nicht einfach schön sind, die die Arbeit zeigen: dieses Mit-dem-Kopf-durch-die-Wand-Wollen und den Widerstand, das Schwierige, das Verwirrte …

MENAHEM PRESSLER: Ich empfinde es so, dass das Leben ist, das Leben von uns allen. Man spürt den Widerstand, die Schwierigkeiten, man versucht mit dem Kopf durch die Wand zu gehen. Diese ganze Art, in der er sich dem Instrument nähert – ich finde es unglaublich, wie er die Arme vibrieren lässt am Anfang der »Waldstein«-Sonate.

HOLGER NOLTZE: Es rüttelt und schüttelt ihn, es hat eine ganz körperliche Dimension, das Ganze.

MENAHEM PRESSLER: Ja, natürlich.

HOLGER NOLTZE: Und immer wieder auch eine von Gewalt.

MENAHEM PRESSLER: Von Gewalt, ja. Der Mann schreibt eine »Appassionata«, und, mein Gott, es ist Gewalt! Die meisten Leute, die so etwas erleben, wie er da schreibt, sterben daran. Er überwindet es. Er schreibt diese »Appassionata« mit der größten Leidenschaft, und er kommt heil raus. Der Schluss ist: Er kommt heil raus.

HOLGER NOLTZE: Wenn wir noch mal auf Opus 110 zurückkommen: Finden Sie, dass der Schluss dieses dritten Satzes, dass der eine Art von Sieg enthält?

MENAHEM PRESSLER: Ohne Zweifel.

HOLGER NOLTZE: Ohne Zweifel?

MENAHEM PRESSLER: Ohne Zweifel.

HOLGER NOLTZE: Ich hab Zweifel!

MENAHEM PRESSLER: Ja? Nein, ich nicht. Ich sehe diesen Satz und überhaupt diese Sonate wie eine Autobiografie. Es ist eigentlich die einzige Sonate, die im Triumph schließt.

HOLGER NOLTZE: Aber ist es wirklich ein Triumph? Ich höre es immer ein bisschen so, dass das eigentlich Tolle in der Fuge davor passiert, die immer komplexer wird. Und dass der Schluss so ein »Ich zwinge mich jetzt noch mal zum Guten hin« ist; also ich traue diesem Sieg am Ende gar nicht.

MENAHEM PRESSLER: Ich traue ihm. Den Anfang schreibt er unter einem Schatten und zum Schluss ist es *cantabile*: Frieden. Frieden auf Erden, Frieden in seinem Herzen. So auch in Opus 111. Und nach den Sonaten kommen dann die »Bagatellen«.

HOLGER NOLTZE: Wir haben bisher über diese Suche nach Schönheit gesprochen, der späte Beethoven bringt uns darauf: Ist es auch eine nach Wahrheit?

MENAHEM PRESSLER: Es ist immer eine nach der musikalischen Wahrheit. Beethoven war sich immer treu, er war immer ehrlich sich selbst gegenüber.

HOLGER NOLTZE: Sind die Suche nach Wahrheit, auch nach der musikalischen Wahrheit, und die Suche nach Schönheit für Sie je in Konflikt geraten? Kann das sein, dass man sagt: Was da steht, ist ein Ausdruck von etwas, aber das, was es ausdrückt, ist eigentlich jenseits dessen, was ich als musikalisch schön empfinden kann.

MENAHEM PRESSLER: Wenn ich darüber nachdenke, glaube ich nicht, dass es so was gibt.

HOLGER NOLTZE: Also für mich gibt es das zum Beispiel in der »Großen Fuge« in B-Dur. Eine Musik, die an die Grenze dessen geht.

MENAHEM PRESSLER: Diese Fuge, die hat er wirklich für das 21. Jahrhundert geschrieben.

HOLGER NOLTZE: Oder für Chinesen, wie der erste Rezensent schrieb: Das können nur Chinesen verstehen, womöglich.

MENAHEM PRESSLER: Oder nur die können es spielen.

HOLGER NOLTZE: Aber wenn dieses Extreme doch im Notentext steht, wenn Beethoven das so hingeschrieben hat, weil es ihn zerreißt, weil er verzweifelt an der Welt, so wie sie ist, und weil er einen neuen Weg findet, über Musik zum Ausdruck zu bringen, woran er leidet, und wenn das die Grenzen des Schönen, des Wohlklangs überschreitet – ich frage noch mal: Wie geht ein Künstler damit um, der sich so besonders dem schönen Ton verpflichtet fühlt? Oder ist es ein anderer Schönheitsbegriff?

MENAHEM PRESSLER: Das ist eine andere Schönheit. Das ist die Wahrheit, und die Wahrheit ist eine andere Schönheit. Wenn ich empfunden habe – und das habe ich, bei manchen Stücken –, dass man auf das Klavier schlägt, um die richtige Kraft zu haben, dann denke ich, dass die Wahrheit sich dort als Schönheit entfaltet. Denn schließlich und endlich: Was ist so schön an der Musik, wenn nicht die Wahrheit?

Es gibt Komponisten, besonders unserer Zeit, die haben sich nicht vor allem der Schönheit gewidmet, aber sie haben ihre Wahrheit gesagt, wie Schönberg, Webern, Berg. Und ihre Wahrheit ist bedeutsam. – Wahrheit ist eigentlich das, was wir in der Musik suchen. Wahrheit ist auch Schönheit. Wahrheit ist auch Kraft. Wahrheit ist auch Verzweiflung.

HOLGER NOLTZE: Adorno hatte einen Argwohn gegenüber dem Schönen im Sinne von »schönen Stellen«, gegenüber dem Hübschen und Eingängigen. Er sagt, die Musik kann im 20. Jahrhundert nicht einfach weitergehen, es muss etwas Neues beginnen. Sie ist eigentlich nicht mehr intakt, und Schönheit ist nur noch als beschädigte Schönheit denkbar.

MENAHEM PRESSLER: Nun, Adorno konnte sich fantastisch ausdrücken.

HOLGER NOLTZE: Das auch.

MENAHEM PRESSLER: Adorno vertrat die Richtung, die wir jetzt haben, denn es stimmt: Es gibt keinen anderen Beethoven, keinen anderen Chopin, keinen anderen Schumann, keinen anderen Liszt, keinen anderen Wagner, keinen anderen Meyerbeer, keinen anderen Halévy. Die sind nicht mehr da, aber wir sind da. Also muss ein Weg geöffnet werden in unsere Zeit.

Adorno hat recht, man kann ihm kaum widersprechen. Aber es hat doch auch einen tiefen Sinn, dass wir pflegen, was wir geerbt haben: die schönsten Bilder, die schönste Architektur, die schönste Musik. Warum sollten wir das vergessen, sogar vergessen müssen? Da bin ich nicht seiner Meinung.

Ich denke, wir haben ein Museum im Herzen und darin einen Händel, Bach, Beethoven, Mozart, Schumann, Chopin und viele mehr.

HOLGER NOLTZE: Aber Museum heißt nicht, dass die Dinge in einer Vitrine liegen. Und Adorno wäre bestimmt einer der Letzten, die das musikalische Erbe hätten vergessen wollen. Es geht darum, das Vergangene als Gegenwärtiges zu erkennen, mit Blick auf seine Wahrheit. Man muss es zum Leben wecken, sonst ist es toter Text oder ein Museumsstück.

MENAHEM PRESSLER: Man muss dafür sorgen, dass es lebendig wird, und dazu braucht es Künstler, die es zum Leben bringen und die es neu erschaffen. Ich denke, ich gehöre in diese Richtung …

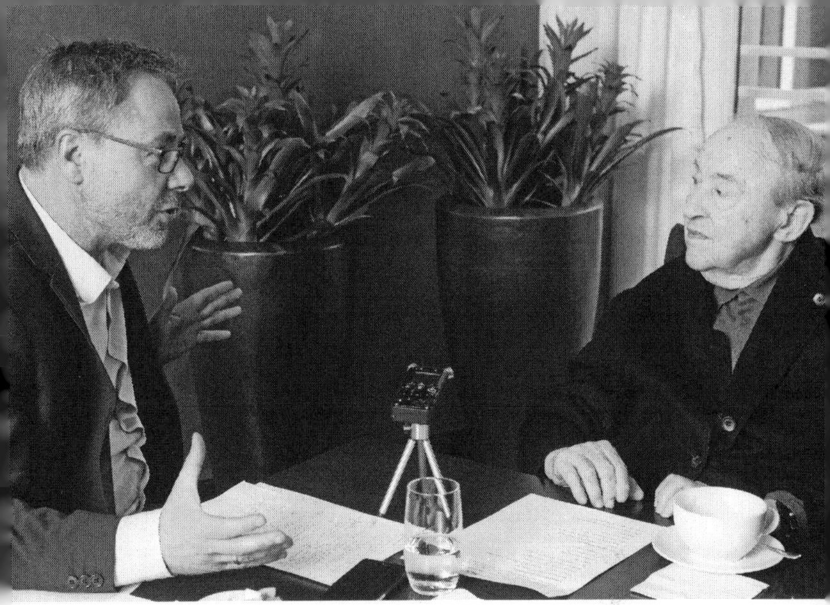

HOLGER NOLTZE: Ganz bestimmt! Doch es gab auch ganz neue Wege, auf der Grundlage der Tradition: Es gab einen Schönberg, und Adorno schreibt viel über Schönberg als eine Art Neuanfang. Aber Schönberg hat nicht den Weg zu den Ohren der vielen gefunden …

MENAHEM PRESSLER: Nein, aber Schönberg hat ein Prinzip aufgebaut. Das Zwölfton-Prinzip war enorm hilfreich. Denn schließlich und endlich: Man kann nicht einfach so in die Welt komponieren, man muss auch ein Gesetz haben. Schönberg hat ein Gesetz geschaffen.

HOLGER NOLTZE: Aber er hat ein anderes zerstört. Das Gesetz der Tonalität hat er zerstört, oder eher: aufgehoben.

MENAHEM PRESSLER: Natürlich, aber er hat ja vorher auch anders geschrieben. Ein Werk, das so mit Mahler verwandt ist und so viel Sensualität und Schönheit hatte.

HOLGER NOLTZE: Die »Gurre-Lieder«, ja. Er konnte das alles, aber er hat sich für einen anderen Weg entschieden.

MENAHEM PRESSLER: Er hatte sich für den neuen Weg entschieden, weil er empfand wie Adorno: Es geht nicht weiter, er muss einen anderen Weg suchen. Und er findet »Pierrot lunaire«, ein fantastisches Stück.

HOLGER NOLTZE: Und wunderschön!

MENAHEM PRESSLER: Und wunderschön, ganz wunderschön.

HOLGER NOLTZE: Herr Pressler, Kammermusik war und ist ja unser Thema: Goethe sagt, ein Streichquartett, das sei ein Gespräch unter vier vernünftigen Leuten. Das sagt er als Nichtmusiker. Also sind wir gespannt auf die Innensicht aus einem weltberühmten Trio, dessen Kopf und Herz Sie waren. Stimmt das? Sind das vernünftige Leute?

MENAHEM PRESSLER: Nicht immer. In einem Quartett zankt man sich sehr oft. Der zweite Geiger denkt, er ist so gut wie der erste – schon gibt es Schwierigkeiten. Wie viele Quartette brechen auseinander! Es gibt natürlich welche, so wie das Emerson String Quartet, das fand für sich den Weg, das jeder sein Repertoire für die erste Geige hatte und auch für die zweite. Jeder wurde einmal Primarius. Damit haben sie ein Tabu gebrochen. Ich habe sie sozusagen gecoacht, bei allen Werken für Klavier und Streichquartett. Und da habe ich gesehen, mit welcher Liebe sie dann zweite Geige spielten für den anderen und wie sie sich auch mit Worten unterstützten, wenn man von der Bühne runterging nach dem Auftritt. Da sagten sie sich dann Sachen wie: »Oh Mann, das hast du ja besonders gut gespielt heute« – ich war wirklich ganz erstaunt. Die haben sich viele Komplimente gemacht.

HOLGER NOLTZE: Bei Beaux Arts war das Klima rauer?

MENAHEM PRESSLER: Ja! Wir haben uns sehr selten Komplimente gemacht, sehr selten. Wir waren ja immer weiter auf der Suche. Wir waren nicht zufrieden. – Die waren zufrieden.

HOLGER NOLTZE: Aber wie ist das im Trio? Da sind ja nicht zwei von der gleichen Sorte, sondern drei von sehr unterschiedlicher Sorte. Können Sie uns was davon erzählen, was zwischen denen läuft, wie die Psychodynamik ist? Wo ist diese ständige Suche gut, und wo ist sie schlecht? Wo ist das produktiv für die Kunst, weil man immer mehr will, und wo fängt es an, eigentlich ein Problem zu werden?

MENAHEM PRESSLER: Nun, es war kein Problem, als Guilet da war.

HOLGER NOLTZE: In der ersten Besetzung.

MENAHEM PRESSLER: Genau. Obwohl er oft kränkend war, besonders Greenhouse gegenüber, der das jedenfalls so empfand. Als Isidore Cohen ins Trio kam, 1968, hatte ich Schwierigkeiten mit seinem Spiel; er hatte relativ spät als Musiker begonnen, und sein Geigenspiel war nicht so sicher und elegant wie das von Guilet. Er hatte allerdings zwei Eigenschaften, die sehr gut waren: Er hatte einen schönen Ton, und er studierte besonders gründlich die Partitur. Aber ich hatte oft Probleme mit seinem Geschmack, das war manchmal schwierig.

HOLGER NOLTZE: Haben Sie dann geschwiegen, oder haben Sie darüber geredet?

MENAHEM PRESSLER: Ich hab darüber geredet, aber da war er enorm eigensinnig und hat es mit Absicht so gemacht. Da hab ich ihn einmal, das war in Saarbrücken, in einer Radioübertragung unterbrochen und hab gesagt, mit so einer Schweinerei drin will ich nicht spielen. In einem *broadcast*!

HOLGER NOLTZE: Wow, und danach? Das ist doch das Ende für die Zusammenarbeit …

MENAHEM PRESSLER: Nein, er hat sich beruhigt. Er wusste, dass ich ihn nicht weiter im Trio spielen lassen würde, wenn er das noch mal macht …

HOLGER NOLTZE: Warum haben Sie diesen Konflikt riskiert? Weil es mehr als eine Geschmackssache war, weil es um die Kunst ging?

MENAHEM PRESSLER: Weil es eine Frage von schlechtem Geschmack war, etwas, das ich absolut nicht akzeptieren konnte.

HOLGER NOLTZE: Weil es Kitsch war?

MENAHEM PRESSLER: Kitsch, ja! Greenhouse hat immer versucht, Frieden zu stiften zwischen uns und Verständnis für Cohen zu wecken. Aber ich habe ihm gesagt: »Das muss nicht sein, das darf nicht sein, das kann nicht sein.« Und dann hat er damit aufgehört.

HOLGER NOLTZE: Manchmal ist das Zusammenspiel vielleicht eher ein *Streit*gespräch zwischen vernünftigen Leuten … Nicht so einfach. Ich habe dennoch den Eindruck gehabt, nach dem, was ich gelesen habe, dass Sie der Vermittelnde waren.

MENAHEM PRESSLER: Zwischen Guilet und Greenhouse, ja. Da war ich der Vermittler. Wissen Sie, der Name Menahem bedeutet, *the consoler*, der Tröster. Menahem.

HOLGER NOLTZE: Sie haben nicht sich wichtig genommen, sondern die Sache, die Kunst, und das hat Ihnen die Kraft gegeben, eindeutig Position zu beziehen?

MENAHEM PRESSLER: Genau.

HOLGER NOLTZE: Und andererseits: Wie viel Spannung braucht so ein Prozess unter drei Musikern? Es ist, glaube ich, das engste Verhältnis, also, wenn wir mal von Duos absehen, das ist eine noch schwierigere Konstellation, könnte ich mir vorstellen. – Wie viel Spannung braucht es und wie viel Harmonie, damit ein Trio produktiv ist?

MENAHEM PRESSLER: Es braucht beides, genauso wie ein musikalisches Werk. Es braucht Harmonie, und es braucht Spannung. Zwischen uns bestand immer Spannung, wie wir das Beste machen und erreichen können. Wir glaubten daran, und ich habe viel Liebe, Verständnis und Hingabe darauf gewandt. Bei Greenhouse war es das Gleiche, und ich würde sagen, bei Guilet auch.

HOLGER NOLTZE: Wo ist der Moment, in dem man merkt: »Du musst dich jetzt zurücknehmen, sonst wird es nicht gut«? Dass ich also die Spannung empfinde, aber weil ich das gute Ergebnis möchte und weil Schubert aufliegt und wir das jetzt gut machen wollen, nehme ich mich zurück.

MENAHEM PRESSLER: Das habe ich getan, das musste ich tun.

HOLGER NOLTZE: Schmerzt es dann, oder steht am Ende die Freude über das gemeinsam Erreichte im Vordergrund?

MENAHEM PRESSLER: Wir hatten ein Prinzip, so eine Art Verkehrsregelung: Du denkst, es soll *so* sein, der andere denkt, es soll *so* sein. Dann spielen wir es heute auf deine Art, und morgen spielen wir auf seine Art. Und irgendwie haben wir herausgefunden, welches der richtige Weg für das Trio war. Das war auch interessant für mich, das rauszufinden – und nein, ich hatte nicht immer recht …

HOLGER NOLTZE: Niemand hat immer recht, das geht ja nicht. Aber dann war der Weg eine Offenheit gegenüber dem anderen und auch die Bereitschaft, etwas ernsthaft auszuprobieren?

MENAHEM PRESSLER: Ja, das war ganz offen. Ich war ganz offen, Greenhouse war ganz offen.

HOLGER NOLTZE: Guilet war nicht so offen?

MENAHEM PRESSLER: Guilet hat es *gewusst*.

HOLGER NOLTZE: Er war im Besitz der Wahrheit?

MENAHEM PRESSLER: Das war er. Obwohl er auch fantastisch folgen konnte. Ich habe ihm immer verziehen. Ich glaube, er hat mir auch viel verziehen. Aber er hat auf seinem Standpunkt bestanden, ich konnte das akzeptieren, Greenhouse auch. Wir wussten, was für ein großer Künstler Guilet war und was für ein fleißiger Arbeiter. Ich erinnere mich, wie wir in Paris ankamen, unsere erste Tournee. Wir kamen ins Hotel, und fünfzehn Minuten später hörte ich aus seinem Zimmer *Dideydeydey dampadamdam dadadadada*. Übungen für die Geige. Ich war entsetzt, aber dann stand ich auf und fragte: Wo kann ich ein Klavier kriegen?

HOLGER NOLTZE: Wenn man Sie hört, hat man den Eindruck, dass die erste Besetzung des Trios für Sie immer noch die eigentliche ist und …

MENAHEM PRESSLER: Nein, das kann ich nicht sagen. Ich habe auch unsere letzte Besetzung, mit Daniel Hope und Antonio Meneses, sehr verehrt. Dafür gibt's mehrere Gründe: Meneses ist ein phänomenaler Cellist, und Daniel Hope war immer bei der Sache, er hat sich immer der Musik hingegeben, mir zugespielt, die

Motive wieder von mir abgenommen … Das Trio zu dieser Zeit war wirklich ausgezeichnet.

HOLGER NOLTZE: Warum ging die erste Besetzung des Trios eigentlich auseinander?

MENAHEM PRESSLER: Es ging körperlich nicht mehr bei Guilet. Und bei Cohen später war es so ähnlich. Das waren schwere Momente, wahnsinnig schwere Momente.

HOLGER NOLTZE: Was ist Ihre Idealvorstellung vom Spielen im Trio? Wann ist es so schön, wie es nur sein kann? »Zu schön, um wahr zu sein«, mit Ihren Worten.

MENAHEM PRESSLER: Wenn sich alle drei dem Werk vollkommen widmen. Wenn das Werk blüht. Wenn es von Hand zu Hand geht und immer so weiter. Die Fortsetzung ist natürlich …

HOLGER NOLTZE: Indem man sich Töne zuwirft, Motive, Phrasen, Impulse?

MENAHEM PRESSLER: Es geht darum, wie man die Fortsetzung findet. Der Komponist hat es doch perfekt geschrieben. Wenn du die Fortsetzung findest, wenn die von Hand zu Hand geht und zu dir zurückkommt und du weißt, wie es weiterzuführen ist – das ist das Ideal. Wenn du mit einem Mal empfindest: Ah, es blüht. Es duftet. Dann hat es alles, was man sich erträumt, dass die Musik es einem schenken und geben wird.

HOLGER NOLTZE: Eigentlich dann doch wie ein ideales Gespräch.

MENAHEM PRESSLER: Ein ideales Gespräch von drei Leuten, die dasselbe Buch gelesen haben, und jeder kann sagen: Na, hör mal, diese oder jene Stelle. Da schau mal auf den nächsten Satz. Hör mal, wie das dritte Wort betont ist … – So geschah es auch im Beaux Arts Trio, manchmal.

HOLGER NOLTZE: Und wie ist das, wenn man dann alleine spielt? Jetzt machen Sie diese wunderbare Spätkarriere. Bedeutet das eine größere Freiheit?

MENAHEM PRESSLER: Nein.

HOLGER NOLTZE: Überraschend!

MENAHEM PRESSLER: Nein, ich erlaube mir keine größere Freiheit. Ich sehe das Werk an und behandle es mit derselben Einsicht und mit derselben Hingabe wie im Trio.

HOLGER NOLTZE: Aber Sie müssen viel weniger auf die anderen hören.

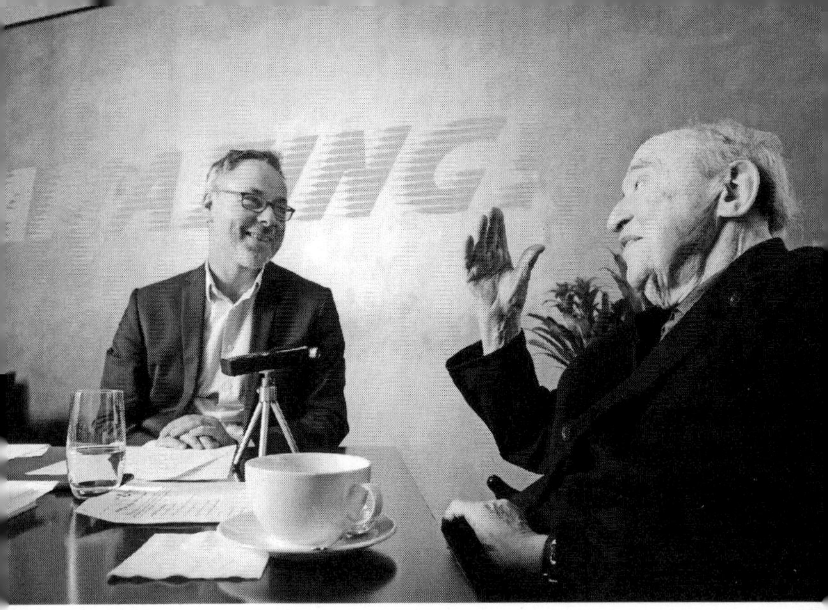

MENAHEM PRESSLER: Ich muss auf das Orchester hören!

HOLGER NOLTZE: Und wenn Sie ohne Orchester spielen?

MENAHEM PRESSLER: Alleine auch, da muss ich auf die Stimmen hören. Wie meine Stimmen kommen.

HOLGER NOLTZE: Die inneren Stimmen?

MENAHEM PRESSLER: Die inneren und äußeren. Vor dem Konzert, das ich dieses Jahr in Toulouse spielte, ein Klavierabend, hab ich zwei Nächte nicht geschlafen. Und dann spielte ich besser als je! Das war für mich ein Wunder.

HOLGER NOLTZE: Haben Sie sich wirklich gefürchtet, nach all den vielen Jahren Erfahrung?

MENAHEM PRESSLER: Ja!

HOLGER NOLTZE: Wovor?

MENAHEM PRESSLER: Vor mir selbst.

HOLGER NOLTZE: Vor Ihrem Anspruch?

MENAHEM PRESSLER: Ja. Nicht, dass ich mir sage, du bist nicht gut genug ... Aber dann war ich ehrlich überrascht, wie gut es war.

HOLGER NOLTZE: Lag es daran, dass es ein Soloauftritt war? Haben Sie da einfach ein bisschen mehr Bammel gehabt, als wenn Sie mit Trio, Quartett oder mit Orchester spielen?

MENAHEM PRESSLER: Nein. Nein, es war der Weg zurück nach einer schweren Operation. Es gab viele Sachen, die mich gefangen hielten. – Und dann mit einem Mal, wie ich zu Ende spiele und spiele die Zugabe einer Zugabe und das Publikum hört nicht auf zu klatschen ... Da habe ich mich sehr, *sehr* gefreut.

HOLGER NOLTZE: Ich habe gehört, Sie haben nach Ihrer Operation an einem Aneurysma sofort nach einem

Klavier gefragt. Zuerst hatten Sie dann eine Übeklaviatur. Ich vermute, dass Sie weniger an Genie als an Üben glauben. Und wenn Sie einen Kult treiben, dann ist es der Kult des Übens.

MENAHEM PRESSLER: Der Arbeit. Des Fleißes.

HOLGER NOLTZE: Der Disziplin?

MENAHEM PRESSLER: Der Disziplin. Der inneren Disziplin. Das ist bei Gott nicht leicht. Diese Disziplin zu halten und sich nicht selbst zu bewundern und zu sagen: Schau mal, welchen Erfolg ich habe.

HOLGER NOLTZE: Ist das Üben ein Opfer?

MENAHEM PRESSLER: In gewisser Hinsicht ja. Weil es schwer ist. Ja, es verlangt ein Opfer. Hingabe.

HOLGER NOLTZE: Hingabe ist mehr, als sich den Wecker zu stellen und immer zu einer bestimmten Zeit am Instrument zu sitzen.

MENAHEM PRESSLER: Das allein bedeutet nichts. Wenn du den Wecker stellst und nicht mit Hingabe dabei bist, dann ist das Üben ja etwas Mechanisches. Es darf niemals mechanisch sein.

Das Wiederholen und Wiederhören, das ist wie Goldwaschen. Wie wenn man Gold wäscht: Mit einem Mal geht der Dreck raus, und das Gold bleibt im Sieb hängen. Das ist das Werk.

HOLGER NOLTZE: Und wenn ich am Ende der unablässigen und wiederholten Mühe gerade kein Gold übrig behalte, sondern merke, dass es eine Routine ist?

MENAHEM PRESSLER: Ja, das ist der Tod. Das Trio war nie eine Routine. Ich war nie eine Routine. Ich war mir selbst nie Routine und bin auch heute keine Routine. Das ist tödlich, denn dann bist du gleichgültig. Nichts passiert mehr. Nein, es gibt keine Routine. Nie. Ganz im Gegenteil.

HOLGER NOLTZE: Mir gefällt diese Idee, aber wie geht das in der täglichen Arbeit des Übens? Wirklich ans Klavier zu gehen, sich tatsächlich aufzuraffen, während man vielleicht was anderes machen möchte.

MENAHEM PRESSLER: Ja, sich ausruhen.

HOLGER NOLTZE: Sich ausruhen, oder die Freundin wartet, oder die Sonne scheint, aber ich bleibe sitzen. Und ich bin stolz darauf, dass ich sitzen bleibe und jetzt übe. Das dann wachzurufen, was Sie Hingabe nennen – das ist doch schwierig, oder? Dass ich wirklich im Auge behalte: Ich bin jetzt hier mit Kunst beschäftigt.

MENAHEM PRESSLER: Also, ich bin nicht stolz, aber ich weiß, es ist Hingabe. Ich weiß, es ist ein Muss, wenn ich weiter musizieren will, so, dass es eine Bedeutung hat für den, der es hört – und vor allem für mich.

HOLGER NOLTZE: Wie erklären Sie das Schülern, die ein Problem damit haben? Da müssen Sie doch irgendwo mit dem *blue bird* locken oder mit der Hoffnung auf das Gold, das man finden wird. Sie können diese Disziplin aufbringen, weil Sie wissen, dass am Ende des Übens etwas Einzigartiges erreicht wird, Sie haben diese Erfahrung gemacht …

MENAHEM PRESSLER: Nicht immer, aber du hoffst.

HOLGER NOLTZE: Wie gehen Sie an dem Punkt mit Schülern um?

MENAHEM PRESSLER: Das Einzige, was ich ganz grundsätzlich sagen kann: Ich werde ihm nie den Glauben an sich selbst nehmen!

HOLGER NOLTZE: Auch wenn Sie streng sind? Es gibt Leute, die sagen, Sie sind sehr streng als Lehrer.

MENAHEM PRESSLER: Ich bin streng, aber nicht so streng wie andere. Ich habe andere gehört mit Sätzen wie: »Warum soll ich dir sagen, wie du das machen sollst, du wirst es doch sowieso nie spielen können.«

Solche Sachen habe ich nie gesagt und werde ich auch nicht sagen, weil ich denke, das ist gemein. Und es ist auch nicht die richtige Haltung für einen Lehrer. Es geht darum, den Schüler zu verbessern.

HOLGER NOLTZE: Da, wo er ist?

MENAHEM PRESSLER: Zu seinem Maximum.

HOLGER NOLTZE: Zu *seinem* Maximum.

MENAHEM PRESSLER: Zu *seinem* Maximum, ja. Weitergehen, von wo er ist, aber zu seinem Maximum. Weiter als sein Maximum wird er nicht kommen.

Das ist so, wie Guilet oft zitiert hat, als wir am Anfang die *Community Concerts* gespielt haben: »Little Carnegie Hall comes to you.« Das stand oben in den Briefköpfen von den Organisatoren.[9] Es gibt große Städte, es gibt aber auch kleine Städte, wo du lernen kannst, spielen kannst, mit Freude lehren kannst. Wo du das, was du gelernt hast, weitergeben kannst und einem Schüler eröffnen darfst, was Musik ist. Das wollte ich für meine Schüler, im Großen oder im Mittleren oder im ganz Kleinen.

HOLGER NOLTZE: Es muss nicht immer die große Welt und die ganz große Karriere sein.

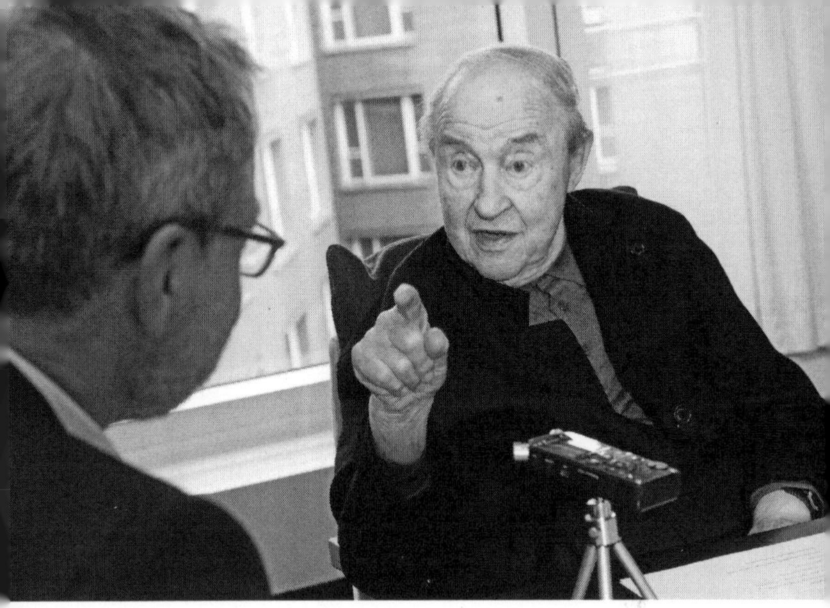

MENAHEM PRESSLER: Sein Leben hat genauso Wert in dem kleinen Saal. *Little Carnegie Hall.* Das ist ein wertvolles Leben. Du musst nicht denken, weil du in dieser kleinen Stadt bist, hast du dein Leben verfehlt. Nein, denn das Große ist die Musik. Es ist nicht verfehlt, etwa wenn du etwas an Kinder weitergeben kannst: Das, was du jetzt als schön empfindest. Was zu bewundern du gelernt hast. Wie du gelernt hast weiterzugehen. Das war mir immer wichtig, als Lehrer.

HOLGER NOLTZE: Sie haben eine so große Karriere gemacht, dass man sich fragt, warum Ihnen das Lehren parallel immer so wichtig war und ja auch immer noch ist.

MENAHEM PRESSLER: Es war immer sehr, sehr wichtig. Auch für mich als Musiker.

HOLGER NOLTZE: Was lernt der Lehrer beim Lehren?

MENAHEM PRESSLER: Den Finger auf den Punkt zu setzen, der wehtut. Ohne wehzutun. Auf den Punkt, den man bei sich selbst vielleicht nicht erkennen würde. Man versteht sich ja. Also muss man den Finger nicht draufsetzen. Aber wenn man gelernt hat, solche Punkte anzusprechen, was man mit einem Schüler unbedingt tun muss, dann tut man das auch bei sich selbst und verbessert sich deswegen viel mehr. Denn man kann sich nicht sagen: »Ich verstehe mich schon«, nein. Sondern: »Guck dir mal an, was du hier machst.«

HOLGER NOLTZE: Man kann noch so viel üben und Disziplin aufbringen: Es gibt ein Maximum. Es gibt irgendwo eine Grenze, und jenseits davon fängt dann Genie an. Glauben Sie an Genie? Haben Sie Genies getroffen?

MENAHEM PRESSLER: Nun, für mich war Schnabel ein Genie, Rubinstein auch, ebenso Horowitz, da habe ich Genies getroffen.

HOLGER NOLTZE: Aber es ist eine kleine Gruppe.

MENAHEM PRESSLER: Eine sehr kleine. Man hat Rubinstein mal gefragt, wie viele große Pianisten es gibt. Er meinte: »Wenn du die zehn Finger deiner Hand nimmst, bleiben immer noch ein paar Finger übrig.«

HOLGER NOLTZE: Aber er war jedenfalls einer von denen?

MENAHEM PRESSLER: Ohne Zweifel! Noch heute hört man sich an, wie er Chopin gespielt hat, die Mazurken und Nocturnes. Er war ein Großer.

Horowitz war was anderes. Horowitz kam mir immer viel mehr vor wie eine Treibhauspflanze. Wenn er spielte, war es so, als würde man Blumen kreuzen, und auf einmal bekommt man eine raus, die hat man noch nie gesehen, mit ganz neuen Farben …

HOLGER NOLTZE: Es ist das Staunen über das Überraschende und Exotische, und Rubinstein wäre dann …

MENAHEM PRESSLER: Das Natürliche.

HOLGER NOLTZE: Der an der Luft Gewachsene.

MENAHEM PRESSLER: An der frischen Luft. Im Sonnenschein. Das stimmt.

HOLGER NOLTZE: Noch einmal zum Üben. Sie haben gesagt, üben ist ein Opfer, es ist ja in jedem Fall ein Opfer an Lebenszeit. Es bedeutet Arbeit. Würden Sie so weit gehen zu sagen: Üben ist wichtig für das Leben überhaupt? Ist das Üben ein Modell und eine Notwendigkeit für das Leben auch jenseits des Klaviers?

MENAHEM PRESSLER: Absolut. Jeder Mensch muss einen Zweck finden, für den er lebt.

HOLGER NOLTZE: Das ist die große Sinnfrage. Aber Üben bedeutet ja zunächst einmal Regelmäßigkeit eines Tuns, eigentlich eine Art von Alltagsliturgie.

MENAHEM PRESSLER: Wenn man mit so etwas Feinem wie Musik zu tun hat, dann würde ich nicht sagen: Alltag. Eher: Feiertag.

HOLGER NOLTZE: Ein Tag, an dem Sie üben, ist ein Feiertag?

MENAHEM PRESSLER: Ja. Mich musste man schier zwingen aufzuhören.

HOLGER NOLTZE: Vielen geht es nicht so. Viele muss man zwingen zu üben. Die meisten Klavierschüler, eigentlich …

MENAHEM PRESSLER: Nicht nur die Klavierspieler. Ich weiß von dem berühmten Geiger Nathan Milstein, dass er gerne spielte. Seinen Eltern gegenüber hat er so getan, als ob er geübt hätte, aber er hat nur gespielt. Er liebte das Spielen. Er hat himmlisch gespielt, aber hat nicht so viel geübt.

HOLGER NOLTZE: Gibt es denn welche, die nicht üben müssen? Ihr Weg war das Üben, konsequent und täglich …

MENAHEM PRESSLER: Es gibt gewisse Talente. Ich kannte in Israel den jungen Alexis Weissenberg, für den war technisch alles ganz leicht am Klavier. Auch Stellen, bei denen ich kämpfen musste. Der war wirklich mit Fingern geboren, die alles spielen konnten – aber es war eben vor allem Technik …

HOLGER NOLTZE: Kann das auch ein Nachteil sein?

MENAHEM PRESSLER: Bestimmt!

HOLGER NOLTZE: Weil es einem so leichtfällt? Weil es auch wichtig ist, sich durch Phasen der Mühe zu kämpfen? Üben ist einerseits Wiederholung, hatten wir ja gesagt, aber es geht andererseits darum, die Wiederholung mit der Hingabe zu verbinden.

MENAHEM PRESSLER: Mit Hingabe und Vertiefung.

HOLGER NOLTZE: Wovon hängt es ab, ob ich das schaffe?

MENAHEM PRESSLER: Das ist, glaube ich, dann wiederum eine Sache des Talents.

HOLGER NOLTZE: Oder hängt es damit zusammen, dass man spürt, da ist etwas, was ich erreichen kann? Denn wenn ich das nicht spüre – das, was da kommen könnte, was noch auf mich wartet –, dann bringe ich nicht so viel Engagement auf.

MENAHEM PRESSLER: Ja, aber das zu spüren ist eben nicht jedem gegeben. Nur weil er übt. Nein, das ist eben die Sache. Nennen wir es Talent.

HOLGER NOLTZE: Talent wäre dann wohl zunächst die Ahnung des eigenen Talentes. Also, wenn das nicht da ist …

MENAHEM PRESSLER: Ja, natürlich. Nicht nur dass du das ahnst, du baust darauf. Du zeigst es niemandem. Aber es gibt diesen inneren, stillen Stolz auf die Begabung, durch die du in den Stücken eine Art Offenbarung erlebst.

Ich habe ja von dem kleinen Schubert-Stück erzählt und wie mein Lehrer sagte, den Schluss hätte ich so gut gespielt. Da ging es mir so. Da war ich glücklich, und oft, später im Leben, wenn ich das als Zugabe spielte, erinnerte ich mich und erinnerte mich immer voll Liebe an diesen Lehrer. Denn er hat mir irgendwie zugesichert, dass das, was ich innerlich empfinde, wahr ist. Dass es auf ihn einen Eindruck macht.

HOLGER NOLTZE: Er hat Ihre besondere Begabung erkannt, und indem er sie Ihnen bestätigt hat, konnten Sie diesen Glauben weiterentwickeln. Also wäre es, wenn ich es richtig verstehe, doch ein Gefühl von Designation, von Bestimmung, auch von Auserwähltsein, wenn wir es mal ganz hoch hängen.

MENAHEM PRESSLER: Nicht, dass ich das so gedacht habe … Obwohl ich es gefühlt habe, ja. Und auch heute noch fühle …

HOLGER NOLTZE: Wer Sie heute spielen hört, der hat nicht nur keine Zweifel am Talent, der zweifelt auch nicht an Ihrer Berufung …

MENAHEM PRESSLER: Heute bin ich dessen gewiss. Schließlich und endlich. Da bist du 30 und bist 40 und bist 50, bist 60, bist 80, bist 90 …

HOLGER NOLTZE: Bis 100, 120.

MENAHEM PRESSLER: Wenn du Jude bist, bis 120.

HOLGER NOLTZE: Das ist der Lohn. Wenn Üben für Sie Glück und Arbeit zugleich ist, kann man dann noch sagen: Üben ist so etwas wie Askese?

MENAHEM PRESSLER: Ich kannte viele Leute, die mir gesagt haben: »Weißt du, ich kann es gar nicht erwarten, mich zur Ruhe zu setzen.«

HOLGER NOLTZE: Ach, Musiker?

MENAHEM PRESSLER: Nein!

HOLGER NOLTZE: Na also …!

MENAHEM PRESSLER: Nein, nicht Musiker. Leute, die in irgendwelchen Berufen gearbeitet haben. Die sich sagten: »Wenn ich in Rente bin, dann werde ich das tun, was ich immer tun wollte.« Der Sohn meines Bruders hat ein Mädchen geheiratet, dessen Vater ein großes Möbelgeschäft hatte. Der kam immer spät von der Arbeit und so, und dann verkaufte er das Möbelgeschäft und kaufte sich einen Altersruhesitz in Florida, an einem wirklich sehr schönen Ort. Das Haus lag direkt neben dem Golfplatz, und jeden Tag um sechs ging er Golf spielen. Ich kam mal zu einem Konzert in diese Stadt, und er sagte zu mir: »Na, Menahem, wann setzt du dich denn endlich zur Ruhe?« Ich war ganz überrascht und hab geantwortet: »Was willst du? Soll ich wirklich hier stehen mit einem Stock und versuchen, den Ball in ein kleines Loch zu kriegen – und das ist dann mein Glück?«

HOLGER NOLTZE: Da gibt es größeres.

MENAHEM PRESSLER: Er war entsetzt über meine Antwort. Vielleicht sogar beleidigt …

HOLGER NOLTZE: Sie haben sein Modell zerstört …

MENAHEM PRESSLER: Vermutlich. Ich habe es aber gar nicht beleidigend gemeint. Ich wollte ihm nur erklären, dass das, was ich habe, für mich Reichtum ist, und das, was er hat, ist für mich keiner. Ohne gemein sein zu wollen …

HOLGER NOLTZE: Wo geschieht, um ökonomisch zu sprechen, die Wertschöpfung für Sie? Ist die gute Aufführung die Belohnung für die harte Arbeit des Übens?

MENAHEM PRESSLER: Nein …

HOLGER NOLTZE: … oder empfinden Sie beim Üben auch schon Glück?

MENAHEM PRESSLER: Man kann beides so nicht sagen, denn es gibt keine Garantie. Das Üben garantiert keine gute Aufführung.

HOLGER NOLTZE: Man weiß nur, wenn man nicht geübt hat, wird es keine gute Aufführung.

MENAHEM PRESSLER: Ja, das auf jeden Fall. Üben ist ein Muss, eine Notwendigkeit, sogar Zwang. Was dann am

Abend geschieht, ist die Möglichkeit einer Inspiration. Dass einem das Werk sich hingibt, sodass du wirklich fühlst: Das Werk ist ein Teil von dir. Du komponierst! Du wirst mit einem Mal Beethoven, Schumann … Ein wenig gespenstisch, wenn man es ausspricht, aber so fühlt es sich an.

HOLGER NOLTZE: Es ist eine Transzendenz?

MENAHEM PRESSLER: Ja, so eine Art Transzendenz. Alles kann geschehen, während du spielst … Horowitz hatte mal das Gefühl, seine Hände seien aus Glas. Da trat er schon lange nicht mehr auf, aber seine Hände waren immer prächtig – nur konnte er nicht spielen, als er so dachte. Dann gibt es jemanden wie Schnabel, der nie daran zweifelte, dass er gut war, dass er die Antworten wusste. Es gibt einen Rubinstein, der lange kaum geübt hatte, weil er so enorm begabt war, ein Sonnenkind.

HOLGER NOLTZE: Er hat ja auch ein bisschen damit angegeben, dass er nicht üben musste. Oder wie wenig er üben musste. Ganz anders als Sie.

MENAHEM PRESSLER: Ja, das stimmt. Aber er hat auch nie die ganz schweren Stücke gespielt. Strawinsky hat ihm die Klavierbearbeitung von »Petruschka« gewidmet – er hat das nie gespielt. Doch dass er großartig war, ist keine Frage. Man sieht es ja daran, dass wir ihn noch heute hören, die Sachen, die er so schön gespielt hat – unendlich sonnig, schön gespielt.

Oder Arrau, den ich immer sehr bewundert habe, weil er sich so treu war. Er spielte noch ganz spät die wichtigsten Werke, das ging, seine Hände blieben geschmeidig, und er war berühmt für sein Gedächtnis. Und er war immer sehr lieb zu seinen Schülern.

HOLGER NOLTZE: Als ich danach gefragt habe, wie sich das Üben zur Aufführung verhält, da haben Sie gesagt, man kann es nicht wissen, es gibt keine Garantie, aber es gibt diese Momente der Transzendenz, in denen sich das Stück hingibt.

MENAHEM PRESSLER: Das könnte man sagen. Ich habe es so empfunden, dass sich mir das Werk hingibt und dass ich es öffnen darf und kann. Vor allem: kann. Und dann im Werk selbst, von Mal zu Mal, Variationen finde.

HOLGER NOLTZE: Ist es ein Gefühl von Freiheit? Man kann sich in dem Werk bewegen …

MENAHEM PRESSLER: Genau, von Freiheit! Durch die Mühe, die Beschäftigung, die Arbeit, die ich geleistet habe, fühle ich mich befreit im Umgang mit dem Werk.

HOLGER NOLTZE: Dass man sich also einer Sache widmet und sehr viel hineingibt und dann eine Art von Belohnung erfährt?

MENAHEM PRESSLER: Eine Art von tiefster Belohnung. Die einem das Leben verschönert, bereichert. Und auch das der Umgebung. Denn man möchte, dass alle daran teilhaben, dass sie ein Teil von dem werden, was so besonders schön ist und so besonders schön wird.

3. TAG

Wir Glücklichen

Musik hören

HOLGER NOLTZE: Wir haben in den letzten Tagen viel über das Musikmachen gesprochen, über das Üben, über die Schönheit, die sich im Spielen öffnet. Ich würde heute gern noch ein wenig ausführlicher auf das Hören kommen …

MENAHEM PRESSLER: Heute habe ich etwas ausprobiert, was das Hören enorm beeinflusst. Ich habe Debussy geübt, die »Estampes«, und zwar ohne Pedal. Und ich habe versucht, jeden Akkord dann so zu halten, dass du das hörst, was du hörst, wenn du die Pedale benutzt. Damit du diesen Akkord mit den Ohren auskosten kannst, musst du die Finger disziplinieren. Im Allgemeinen diszipliniert man ja die Finger mit Pedal, und das Pedal hilft, vieles zu verschönern, aber auch vieles zu … Wie soll man sagen …?

HOLGER NOLTZE: Zu verschleiern?

MENAHEM PRESSLER: Ja, zu verschleiern, zu verstecken. Dass die Hand zum Beispiel nicht den ganzen Akkord greift, und das Pedal gleicht es dann aus. Aber so, wie ich es heute gespielt habe, war das nicht möglich, also musste ich den ganzen Akkord halten, so lange, wie Debussy es vorschreibt. Und das wurde gut! – Ich konnte meiner Tochter, die hereinkam, zeigen, wie herrlich diese Akkorde am Schluss sind. Ich konnte es mit den Fingern halten und hören, was Debussy da schreibt. Und da dachte ich, dass ich mich eigentlich selbst wieder dazu gebracht hab, die Ohren tüchtig zu trainieren.

HOLGER NOLTZE: Man wird genauer …

MENAHEM PRESSLER: So ist es. Und wenn du es dann genau erfasst hast, darfst du dich auch verstecken. Denn du kennst es, du weißt es. Deine Ohren kennen es. Dein Körper kennt es, denn das Ohr ist schließlich ein Teil des Körpers. Also du reagierst darauf – das funktioniert mal besser, mal schlechter. Für mich war es sehr interessant, das auszuprobieren, zu versuchen, zu erfahren und wieder zu erfahren. Denn ich weiß, von Anfang an habe ich mich auf das Hören enorm konzentriert. Gerade bei Debussy ging es mir so, schon als ich damals die Stücke für den Wettbewerb in San Francisco gelernt habe, ganz wunderschöne Sachen, aber auch technisch sehr schwierig. Das Hören spielte dabei für mich eine besonders große Rolle, gerade wenn ich an »L'isle joyeuse« denke. Das war machtvoll, es war erotisch. Es hat alles, was die Musik eigentlich zu einem Rauschmittel machen kann, zu einer Droge. Man wird mit einem Mal wie betrunken davon ...

HOLGER NOLTZE: Sie sagen erotisch. Und Sie haben nun schon mehrmals von Hingabe gesprochen, davon, dass man sich einem Werk hingeben muss – als Musiker wie als Zuhörer –, aber auch davon, dass ein Werk sich Ihnen hingibt. – Wie viel, Herr Pressler, hat Ihr Musizieren, Ihre Art, Klavier zu spielen, mit Erotik zu tun?

MENAHEM PRESSLER: Viel, ohne Zweifel. Es kommt natürlich auf den Komponisten an. Bei Beethoven spielt das keine so große Rolle, vielleicht überhaupt keine. Sogar in der »Appassionata« ist er eben nicht Goethes Werther.

HOLGER NOLTZE: In der Sonate bringt sich niemand um.

MENAHEM PRESSLER: Beethoven begeht keinen Selbstmord. Er überlebt es. Er spricht es aus.

HOLGER NOLTZE: Wer ist der Erotischste für Sie?

MENAHEM PRESSLER: Die beiden: Ravel und Debussy. Und vielleicht Fauré, zum Teil. Die Franzosen, auch in dem, was sie aufnehmen und wie sie reagieren. Ravel, wie er seekrank wurde von Wagners Akkorden im »Tristan«.

HOLGER NOLTZE: Die mussten sich alle retten davor.

MENAHEM PRESSLER: Sie mussten sich retten und sich dagegen wehren. Und als sie das erfolgreich getan hatten, haben sie diese chromatischen Errungenschaften auch benutzt. Es war für sie natürlich eine Offenbarung. Es war ja für jeden eine Offenbarung.

HOLGER NOLTZE: Aber sie retten sich und gehen einen anderen Weg. Wagner geht in gewisser Weise immer einen Weg ins Dunkel, in den Tod.

MENAHEM PRESSLER: So ist es.

HOLGER NOLTZE: Und die Musik, über die wir gerade sprechen, ist eine Musik des Lichts.

MENAHEM PRESSLER: Genau. Dass Wagner in den Tod geht, das ist das Deutsche an ihm.

HOLGER NOLTZE: Können Sie da was mit anfangen?

MENAHEM PRESSLER: Man muss versuchen, es zu verstehen. Ich höre diese Musik und finde sie auf eine Art ganz großartig geschrieben, ganz großartig empfunden. Und wirklich originell, wie er das entwickelt hat. Sogar Liszt konnte ihm nicht widerstehen, obwohl er so verärgert über ihn war …

HOLGER NOLTZE: Man konnte sich nicht wehren, offenbar. Das hat etwas mit Überwältigung zu tun … – Können Sie verstehen, dass es in Israel viele Menschen gibt, die in ihrem Land Wagner nicht hören wollen?

MENAHEM PRESSLER: Das verstehe ich vollkommen. Wagner-Musik ist für viele mit dem größten Unglück verbunden. Denn hier hat sich etwas ausgespielt, was es in der Geschichte des Judentums nie gegeben hatte: den Versuch einer vollständigen Vernichtung. Dass man eigentlich … – geboren wurde, um hingerichtet zu werden. Nicht nur zu sterben, sondern hingerichtet zu werden, auf die grausamste Art …

Ich erinnere mich an eine Geschichte, die ein Überlebender erzählt hat. Er hat berichtet, dass ein deutscher Offizier am Rande von einer Gruft saß und jeden, der vorbeikam, den hat er erschossen. Er hat aber nicht immer getroffen. Und dieser Offizier wurde in Israel vor Gericht gestellt, und der Überlebende, den er verfehlt hatte, der sagte gegen ihn aus. Und der erzählte, als der Offizier wegging, kletterte er aus dieser Gruft, wo die Menschen alle starben … Und dann sieht er, wie dieser Offizier, der hatte einen Hund, wie er den Hund streichelt. Nachdem er Hunderte erschossen hat auf dem Weg. Das tun, ja, und den Hund streicheln – und ich glaube, er hat sogar eine Melodie gepfiffen …

HOLGER NOLTZE: Wir wissen, dass KZ-Kommandanten Beethoven-Streichquartette gehört haben …

MENAHEM PRESSLER: Das gab es, ja … Viele solcher Geschichten …

HOLGER NOLTZE: Wie kann das nebeneinander sein, diese große Musik und diese unmenschliche Grausamkeit?

MENAHEM PRESSLER: Es kann sein. Wir haben es gesehen. Das es sein kann.

HOLGER NOLTZE: Und wenn Sie Wagner-Musik hören, klingt das auch für Sie mit?

MENAHEM PRESSLER: Nein.

HOLGER NOLTZE: Können Sie es begreifen?

MENAHEM PRESSLER: Nein. Nein, das kann ich nicht. Denn was die Musik mit mir getan hat und was ich an der Musik erfahren habe, ist etwas ganz anderes: Sie hat mich verfeinert. Sie hat mich zum Hören gebracht, und das Hören hat sich kristallisiert und wurde eine Verfeinerung des *Fühlens*. Man hat gelernt, darauf einzugehen, richtig zu lesen und sich hingeben können. – Dass es Menschen gab wie diesen Arzt in Tel Aviv, der sich die neusten Schallplatten leisten konnte und uns junge Leute eingeladen hat, sie zu hören. Für uns war es wichtig, dass wir diese Schallplatten hören konnten, mit Symphonien, die wir noch nicht kannten, und von Künstlern, die wir verehrten …

HOLGER NOLTZE: Das war wichtig damals, um den Anschluss zu finden, um zu hören, was es alles gibt, und den Horizont zu erweitern …

MENAHEM PRESSLER: Ja, es war enorm wichtig, dass wir auf diese Weise nicht nur um uns selbst kreisten. Wir haben natürlich viel Musik gespielt und sehr anständig, aber es war wichtig zu hören, was auf der höchsten Ebene möglich ist, wo Musik dich dazu bringt, zu weinen und getröstet zu sein, wenn du sie hörst. Es half, diesen Ausdruck zu finden, der in einem Leben doch so entscheidend ist. Ich weiß, dass ich von Anfang an Musik besonders intensiv empfunden habe. Ich war bestimmt besonders empfindsam. Und in der Empfindsamkeit fand ich Trost, damals, als ich auswanderte.

HOLGER NOLTZE: Aber auch Schmerz.

MENAHEM PRESSLER: Enorm! Das war so schmerzhaft. Sie können sich das nicht vorstellen. Wenn man nicht essen kann, das war so schmerzhaft, und das in jeder Hinsicht … Von allen Seiten war ich missverstanden, auch von meinem Vater. Nur meine Mutter hat immer akzeptiert, was ich war. Mit der Mutter, das ist eine andere Sache. Sie war immer auf meiner Seite … Für sie konnte ich nie etwas Falsches tun.

HOLGER NOLTZE: Sie waren der Prinz?

MENAHEM PRESSLER: Ich war der Prinz, ohne Zweifel.

HOLGER NOLTZE: Und hat sie verstanden, dass Sie ein Künstler-Prinz sind?

MENAHEM PRESSLER: Das glaube ich nicht. Vielleicht ja, vielleicht nicht. Für sie war ein Prinz ein Prinz.

HOLGER NOLTZE: Ich würde gern noch weiter über das Hören sprechen. Wir haben schon über Menschen gesprochen, die hören, ohne zu hören. Sie haben erzählt, wie wichtig das Zuhören, die Rezeption, für Sie als junger Pianist in Tel Aviv war. – Was ist für Sie gutes Hören?, frage ich mich. Wann hört man Musik gut? Was ist die Voraussetzung, was sind die Bedingungen?

MENAHEM PRESSLER: Die Voraussetzung ist erstens, dass du hören kannst. Die Ohren.

HOLGER NOLTZE: Klar. Physisch.

MENAHEM PRESSLER: Physisch, erst mal. Und dann, dass du bereit bist, im Hören, durch das Hören zu erkennen: Das ist ja eine Figur, ein Gesicht, ein Körper, eine Bewegung.

HOLGER NOLTZE: Sie meinen die Vorstellungskraft?

MENAHEM PRESSLER: Die Vorstellungskraft bildet sich durch das Hören. Durch das richtige Hören.

HOLGER NOLTZE: Muss ich, um gut zu hören, etwas wissen? Und wenn ja, was?

MENAHEM PRESSLER: Man muss die Partitur kennen. Der Komponist zwingt uns, in gewisser Hinsicht, in seiner Weise zu hören, dafür setzt er die Zeichen – Angaben zu Tempi, zur Dynamik und so weiter.

HOLGER NOLTZE: Oder er beschreibt es, wie Mahler, ausführlich. Der schreibt genau vor, wie er es haben will.

MENAHEM PRESSLER: Bei Mahler ging das ganz weit, aber im Grunde beschreibt jeder Komponist, was er will und wie er es will. Und dann kommt der ausführende Künstler, mit seinem Charakter, seiner Persönlichkeit. Die zeigt sich wiederum in dem, wie er es liest, was der Komponist gesagt hat.

HOLGER NOLTZE: Das gilt für den Musiker. Ich wollte hinaus auf das normale Publikum. Das hat die Noten in der Regel nicht gelesen.

MENAHEM PRESSLER: Die meisten können nicht einmal Noten lesen …

HOLGER NOLTZE: Viele nicht. Also welche Art von Voraussetzung, von Wissen muss beim nicht professionellen Publikum da sein, damit das Hören einen Reichtum erschließt?

MENAHEM PRESSLER: Ich glaube, die Menschen reagieren auf die Musik durch Liebe. Sie hören ein Stück, und es weckt etwas in ihnen …

HOLGER NOLTZE: Hören ist dann eine Erinnerung an etwas, das schon einmal da war?

MENAHEM PRESSLER: Was schon einmal da war und auf eine besondere Weise entzückt hat.

HOLGER NOLTZE: Aber wo fängt das an?

MENAHEM PRESSLER: Das weiß man nicht, sehr oft. Vielleicht hat man es zu Hause kennengelernt. In Deutschland zum Beispiel gab es doch sehr viel Hausmusik.

HOLGER NOLTZE: Gab. Gab ist richtig.

MENAHEM PRESSLER: Gab es, ja, da wurde Kammermusik gespielt. Jeder muss ein Instrument lernen, einer Geige, einer Bratsche und so weiter. Oder man hat am Radio gesessen oder eine Platte angehört.

HOLGER NOLTZE: Das verliert sich gerade. Es wird nicht mehr viel Musik zu Hause gemacht. Die Menschen sitzen nicht vor dem Radio und hören. Es wird viel gehört, aber es wird viel nebenbei gehört. So als Tapete.

MENAHEM PRESSLER: Ja, was manchmal ganz furchtbar ist: Du gehst in einen Fahrstuhl und kannst dem gar nicht entkommen und…

HOLGER NOLTZE: … und hörst die »Appassionata« womöglich oder die »Mondscheinsonate«.

MENAHEM PRESSLER: Ja, wahrscheinlich … Schrecklich.

HOLGER NOLTZE: Aber was heißt das für die Kultur des Hörens selber? Ist das etwas, was wir unter Naturschutz stellen müssten?

MENAHEM PRESSLER: Ja, das sollten wir!

HOLGER NOLTZE: Ist es etwas, was wir fördern müssen?

MENAHEM PRESSLER: Oh ja!

HOLGER NOLTZE: Aber wie?

MENAHEM PRESSLER: Sicher ist es gut, in den Schulen zu beginnen, mit den Kindern. Und man tut das auch in manchen Schulen. Meistens leider bloß an denen, wo die Eltern viel Geld haben. Man sollte das aber viel stärker fördern. In New York gab es eine Schule, wo auch Kinder aus armen Familien Musikunterricht bekommen. Ich war dort mal eingeladen, im selben Konzert wie der Jazztrompeter Wynton Marsalis; er spielte das Trompetenkonzert von Haydn. Ein Riesenerfolg.

HOLGER NOLTZE: An welcher Musik kann man Hören, so wie Sie es verstehen, im Sinne der Verfeinerung des Empfindungsvermögens, besonders gut lernen? Auch wenn man selbst nicht Musiker ist?

MENAHEM PRESSLER: Um sich zu verfeinern, eignet sich jede Musik.

HOLGER NOLTZE: Aber doch nicht jede gleich. An Haydn lerne ich etwas anderes zu hören als an Ravel.

MENAHEM PRESSLER: Na, selbstverständlich! Gerade von Haydn haben wir so viel gelernt. Wir kannten gerade einmal drei Haydn-Trios, dann haben wir alle 44 aufgenommen – das war lehrreich.

HOLGER NOLTZE: Bei Haydn hab ich immer den Eindruck, man sieht Kreativität selbst am Werk: ein Einfallsreichtum, der sich sozusagen über die eigene

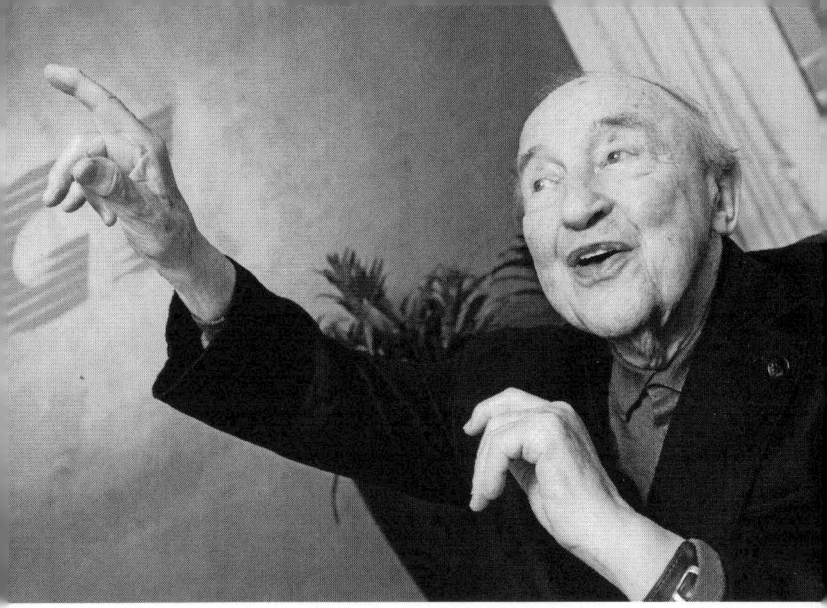

Schulter schaut. Bei Mozart habe ich das Gefühl, es ist ein Lichteinfall von einem anderen Ort, wo alles immer richtig ist, aber Haydns Musik ist wie eine Werkstatt des Denkens. Er zeigt ein Thema. Und dann zeigt er, was man mit dem Thema machen kann. Er dreht es um, er baut es auseinander, er kombiniert unendlich, und wenn man einmal gelernt hat, durch die Oberfläche dieser Musik hindurchzuhören – das Ancien Régime, die Tafelmusik der Fürsten Esterházy –, wenn man diese Kreativität entdeckt hat, dann wird es eine sehr spannende Angelegenheit, spannender als vieles im 19. Jahrhundert …

MENAHEM PRESSLER: Oh, enorm spannend. Als wir die Trios lernten, war eine erstaunliche Erkenntnis, wie leicht ihm die letzten Sätze fallen oder zu fallen scheinen. Der Finalsatz, der eigentlich allen Komponisten schwerfällt. Beethoven …

HOLGER NOLTZE: Beethoven besonders.

MENAHEM PRESSLER: Und wie! Er hat sich gequält mit seinen letzten Sätzen. Mozart hat sich vielleicht auch nicht gequält, aber bei Haydn war es immer eine Überraschung.

HOLGER NOLTZE: Er überrascht, ja.

MENAHEM PRESSLER: Er hat einen immer überrascht! Wahrscheinlich hat er sich selbst überrascht. Beethoven hat nie verstanden, dass Haydn nicht eifersüchtig auf ihn war. Denn er dachte, als er Haydn seine drei Klaviertrios brachte, sein Opus 1, dass der ausgerechnet das dritte, in c-Moll, weniger lobte als die beiden anderen …

HOLGER NOLTZE: Haydn hat das falsche gelobt, aus Beethovens Sicht.

MENAHEM PRESSLER: Ja, er mochte dieses dritte Trio nicht so gerne. Denn das war etwas zu Neues. Aber was wiederum Beethoven nie verstanden hat, war, wie generös Haydn wirklich war. In jeder Hinsicht. Als Komponist, als Mensch.

HOLGER NOLTZE: Macht Haydn hören schlau?

MENAHEM PRESSLER: Wenn man auf etwas Überraschendes sofort eingehen kann, dann ist man ja nicht dumm. Geistesgegenwärtig, vielleicht.

HOLGER NOLTZE: Ist es ungerecht, dass Haydn immer so ein bisschen unterschätzt wird, gerade weil er so generös war und so großzügig und irgendwie ein Guter, der sagen konnte: Herr Mozart, Ihr Sohn ist noch toller als ich?

MENAHEM PRESSLER: Das ist es.

HOLGER NOLTZE: Er wird oft so wie ein Vorläufer, der Papa, behandelt oder unter der Überschrift »Humor in der Musik«. Der berühmte Haydn'sche Humor, den man schätzt, um dann an den anderen Qualitäten dieser Musik vorbeizusehen. Im Grunde ist das aber eine unglaublich intelligente Musik. Gerade weil die Oberfläche nicht sozusagen ständig Risse zeigt, sondern weil sie so vollkommen ist. Aber unter der Oberfläche geschieht ständig Neues.

MENAHEM PRESSLER: Er war immer neu, und das ist das wirklich Großartige. Er wusste das. Er konnte aber auch erkennen, wer Mozart war. Dabei war er ja nicht verkannt, man hat ihn wirklich viel gespielt, und er war ziemlich reich. Er war der beliebteste Komponist seiner Zeit; in Paris waren die Hälfte aller Symphonien, die gespielt wurden, von ihm.

HOLGER NOLTZE: Herr Pressler, es gibt Menschen, die glauben, dass Kammermusik besonders schwierig ist. Woher kommt das eigentlich? Kammermusik steht immer im Ruf, nur was für Kenner zu sein. Warum?

MENAHEM PRESSLER: Ja, das ist, tja … – unverständlich. Das ist wirklich unverständlich.

Ich erinnere mich, wie das anfing, als wir mit dem Trio die *Community Concerts* spielten. Aber in gemischten Programmen, also wir spielten zuerst ein Violinsolo, Klaviersolo, Pause, Cellosolo, dann erst Trio.

HOLGER NOLTZE: Bunte Mischung.

MENAHEM PRESSLER: Und die Leute, die das Trio engagiert hatten, schrieben an das Management: Ja, hören Sie mal, Trio ist ja gar nicht schlecht, das ist doch ganz schön.

HOLGER NOLTZE: Verrückt.

MENAHEM PRESSLER: Zu der Zeit war es neu, dass wir immer als Trio auftraten, auch bei diesen kleineren Konzerten. Dass wir nicht, wie das sonst oft passierte, nur für einzelne Konzerte oder eine Tournee zusammengestellt wurden.

HOLGER NOLTZE: Und dann wurde Beaux Arts *das* Trio, das berühmteste Trio der Welt. Sie haben eigentlich das Klaviertrio für das große Publikum gerettet oder neu erfunden. – Noch einmal zu der Vorstellung, Kammermusik sei für ein größeres Publikum nicht geeignet. Vielleicht liegt es an dem Gedanken, dass Kammermusik oder das Streichquartett als die Experimentierstube der großen Komponisten gesehen wird. Beethoven wagt eben mehr in Streichquartetten als in allen Symphonien, das könnte man schon sagen.

MENAHEM PRESSLER: Ja, aber das war eben die Inspiration des Streichquartetts, der Gattung. Ich glaube nicht, dass Beethoven das als Vorbereitung für seine Symphonien benutzt hat.

HOLGER NOLTZE: Nein, aber als Möglichkeit, mit vier Instrumenten, also in dieser äußeren Beschränkung, einen konzentrierten Ausdruck zu erreichen – ohne Kompromisse um einer offensichtlichen Wirksamkeit willen.

MENAHEM PRESSLER: Ja, es liegt eine besondere Konzentration in diesen Werken: Wenn man an den Reichtum im Streichquartett denkt, an die »Rasumowsky-Quartette« op. 59 zum Beispiel, und dann an seine späten Quartette, die Große Fuge – das ist wirklich gewaltig. Oder eben im Trio: Der langsame Satz im »Geistertrio«, der ist eigentlich das Langsamste, was er je geschrieben hat. Largo assai. – Wir haben das übrigens sehr, sehr ernst genommen. Zweimal haben wir es aufgenommen, und das erste Mal wirklich sehr langsam.

HOLGER NOLTZE: Ein wirkliches Largo und auch sehr leise. An der Grenze fast des Hörbaren.

MENAHEM PRESSLER: An den Grenzen des Hörbaren und an den Grenzen der Langsamkeit. Sehr ernst zu spielen. Übrigens auch ernst zu unterrichten.

HOLGER NOLTZE: Sonst wird man dem nicht gerecht … Wenn ich noch einmal beim Kammermusik*hören* bleibe: Es ist doch im Grunde die spannendste Art, Musik zu hören, weil es so direkt ist.

MENAHEM PRESSLER: Nicht nur weil es direkt ist, auch weil es so durchsichtig ist.

HOLGER NOLTZE: Es ist durchsichtig, ich kann verfolgen, wie eine Stimme wandert. Ich kann, wenn ich drei großartige Musiker habe oder vier oder fünf, verfolgen, wie die miteinander kommunizieren. Wenn ich ein Orchester habe, ich rede jetzt mal als Anwalt der Kammermusik, dann spielt immer ein ganzer Streicherapparat, und da sind immer ein paar dabei, die vielleicht gar nicht so gut sind. Die gehen dann im großen Tutti-Klang unter, und wir hören es uns zurecht. Den Unterschied bemerken wir erst, wenn es ganz besonders gute Orchester sind. Aber man kann doch sagen, dass die groß projizierte symphonische Musik immer in gewisser Weise ein Kompromiss ist, und die Kammermusik muss es nicht sein.

MENAHEM PRESSLER: Ja, das stimmt. Obwohl, man kann nicht sagen, dass die Berliner Philharmoniker ein Kompromiss sind …

HOLGER NOLTZE: Nein, die wollte ich gerade ausnehmen.

MENAHEM PRESSLER: Oder Boston Symphony …

HOLGER NOLTZE: Die nehmen wir auch aus.

MENAHEM PRESSLER: Oder Cleveland Orchestra …

HOLGER NOLTZE: Nehmen wir auch raus.

MENAHEM PRESSLER: Chicago …

HOLGER NOLTZE: Ich gebe auf, mir fallen auch noch ein paar Orchester ein, auch in Europa. Halten wir fest, dass wir musikalisch in reichen Zeiten leben, mit hervorragenden Orchestern und großartig gespielter Kammermusik, alles da, nebeneinander, man muss es nicht gegeneinander ausspielen.

MENAHEM PRESSLER: Aber wir sehen auch, was passiert, wenn das Geld fehlt, wenn man Mittel kürzen muss. Diese politischen Schwierigkeiten. Oft trifft es zuerst die Musik in den Schulen. Man glaubt, man kann darauf verzichten, anderes ist wichtiger. Das ist traurig. Das ist sehr traurig. Denn es geht um das Schöne in der Welt. Für mich ist Musik das Schönste, aber man kann auch über Malerei sprechen, über gute Architektur … Dieses Museum in Paris zum Beispiel, das einem anfangs überhaupt nicht gefallen hat, mit diesen Röhren an der Fassade …

HOLGER NOLTZE: Das Centre Pompidou.

MENAHEM PRESSLER: Genau, das. Aber dann, wenn man es genauer betrachtet, kann man sehen, dass es wirklich etwas Neues darstellt und etwas Wichtiges ist.

HOLGER NOLTZE: Gute Architektur kostet viel Geld, wie Musik auch. Aus Sicht derer, die sie bezahlen, die Politiker oder Wirtschaftsleute, Unternehmen, Magnaten, hat die Architektur aber immer einen Vorteil: Ich kann mir damit ein Denkmal hinstellen, das bleibt erst mal. Die Musik ist flüchtig. Sie ist weg. Das ist ein schlechtes Argument, um in Musik zu investieren.

MENAHEM PRESSLER: Ja, schon, aber man investiert in die Seelen der jungen Leute, die erwachsen werden und die etwas für ihr ganzes Leben darin finden können.

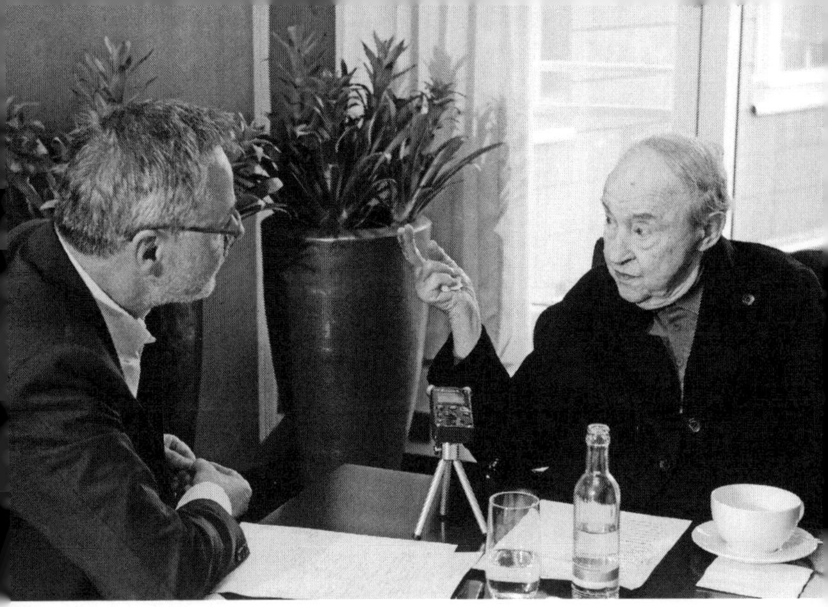

Und es nicht mit Alkohol und Drogen ausfüllen. Man soll an das denken, was Musik ihnen geben könnte – nicht allen, aber vielen …

HOLGER NOLTZE: Machen Sie sich Sorgen und Gedanken um die Weitergabe des Feuers? Es gibt diesen Satz: In der Kunst geht es um die Weitergabe des Feuers, nicht um die Anbetung der Asche. Kann man darauf vertrauen, dass der Markt dafür sorgt, dass es weitergeht? Oder braucht die Musik Schutz und Förderung?

MENAHEM PRESSLER: Musik braucht Schutz und Förderung jenseits des Marktes. Aber auch die großen Künstler, die heute die Säle füllen, haben eine Verantwortung, eine Pflicht. Und die Pflicht ist die Verteidigung dessen, was schön ist! Ihre Pflicht ist es zu verteidigen, was nicht nur den Ohren, sondern auch dem Gewissen der Welt etwas gibt. Etwas, das das Leben der Menschen verschönt. Wirklich verschönt. Wir wissen, dass die Musik das kann, wir erleben es, aber es ist nicht für einzelne oder wenige. Wir müssen es teilen!

HOLGER NOLTZE: Was entgegnen Sie denen, die sagen: Ihr gebt in Deutschland zu viel Geld für klassische Musik aus. Es gibt eine breite Förderung. Quasi jede Stadt hat ein Orchester. Schon eine mittlere Stadt hat ein Orchester – das ist doch nur für ein paar Musikliebhaber, aber die Steuergelder, die da hineinfließen, die müssen von allen aufgebracht werden. Was sagen Sie denen, die meinen, wir brauchen das nicht mehr? Sollen die paar, die Symphonien hören wollen, doch dann selber ein Orchester bezahlen …

MENAHEM PRESSLER: Nun, ich denke, Eltern haben eine Pflicht gegenüber ihren Kindern: Sie zu erziehen, natürlich, aber auch ihnen zu helfen, ein Instrument, malen oder tanzen zu lernen. Und genauso hat der Politiker auch eine Verpflichtung seinem Volk gegenüber. Ich kann mir nicht vorstellen, dass ein Volk auf einmal so verarmt, dass die Opernhäuser dunkel bleiben müssen. Dass das, was über Jahrhunderte geschaffen worden ist, was das Leben bereichert hat und weiter bereichern würde und kann, dass das nicht mehr da sein soll. Das ist unvorstellbar!

Wie hat Gott gesagt? – Er würde die Stadt Sodom nicht zerstören, wenn es zehn Gerechte darin gäbe. Ich glaube, wir können zehn Gerechte finden unter den Musikern, die kämpfen werden. Die sie verteidigen werden. Die sie verteidigen müssen. Ihr Leben hat einen Zweck, ihr Leben ist reich durch die Musik. Sie wissen, was Musik tun kann und tut. Sie müssen darauf bestehen. Sie müssen darum kämpfen. Absolut!

HOLGER NOLTZE: Das heißt, Musik braucht Verteidigung. Auch Vermittlung?

MENAHEM PRESSLER: Yes!

HOLGER NOLTZE: Weil es nicht von alleine da ist. Das Publikum wird nicht von alleine weiter wachsen.

MENAHEM PRESSLER: Nein, denn sie wissen nicht, was ihnen entgeht. Wenn sie bloß weniger Steuern zahlen müssen, dann sind die meisten Leute schon zufrieden. Schade. Denn aus nichts kommt nichts – davon muss man auch die Politik überzeugen. Aber man sieht, dass das Publikum sich begeistern und sich auch zum Hören erziehen lässt. Und dass die Kinder sich begeistern lassen. Es kommt gar nicht immer so sehr auf das Niveau an, nicht alle können Künstler sein. Aber wenn man in Schulen geht, die Kinder musizieren lassen, dann sieht man die Freude, und man sieht die Fortschritte und wie stolz sie sind. Darauf kommt es an, erst einmal.

HOLGER NOLTZE: Musik braucht also Förderer, auch in der Politik, Beschützer und Vermittler. Aber wie soll man über Musik reden? Soll man technisch reden, oder hat man eigentlich nur die Chance, metaphorisch, in Bildern, über Musik zu sprechen?

MENAHEM PRESSLER: Beides. Technisch kann man nur reden, wenn der andere entsprechende Kenntnisse hat. Und wenn er oder sie wenig weiß, aber die Musik liebt, dann kann man erzählen: Schau einmal, was die Musik für mich tut und was die Musik, als Schönheit, für dich tut. Die Welt ohne Musik ist leer. Wie hat Nietzsche gesagt? – Sinnlos, ja.

HOLGER NOLTZE: Ein Irrtum. Das heißt, von der eigenen Erfahrung zu sprechen? Der Weg der Vermittlung beginnt damit, die eigene Erfahrung wachzurufen.

MENAHEM PRESSLER: Ohne Zweifel. Die eigene Erfahrung, und sofern man irgendeinen Ruhm erreicht hat, auch das eigene Prestige. Man soll es nutzen, wenn dein Wort etwas zählt und gehört wird!

HOLGER NOLTZE: Leonard Bernstein war der Meister darin, seinen Ruhm einzusetzen.

MENAHEM PRESSLER: Ja, großartig. Seine »Young People's Concerts« und die Fernsehsendungen, Vorträge, wunderbar.

HOLGER NOLTZE: Mir leuchtet es sehr ein, dass man aus seinem eigenen Erfahrungsbereich schöpft, um andere damit anzustecken. Wie sehen Sie das, wenn man der Musik, der absoluten Musik – die nicht Oper ist, auch nicht Programmmusik –, Erzählungen oder Bilder zuschreibt? Dass man sagt: Das bedeutet Folgendes … Ist das gut?

MENAHEM PRESSLER: Wenn man sagt: »Das bedeutet *mir* dies oder jenes. Guck mal, was kann es dir bedeuten?« – dann ist es ein guter Weg.

HOLGER NOLTZE: Und nicht: Die »Moldau« ist die Moldau.

MENAHEM PRESSLER: Nun, für mich ist es die Moldau – ich habe sie gesehen, und ich höre und liebe das Stück. Aber man soll dem Zuhörer die Gelegenheit geben, seine eigenen Fähigkeiten einzusetzen. Die sind natürlich unterschiedlich, aber es gibt niemanden, der positiv reagiert, wenn man ihn kneift und er Schmerz empfindet. Und umgekehrt öffnet sich jeder Mensch, wenn man ihn streichelt, sodass es seine Gefühle weckt und er Zärtlichkeit empfindet. Mit der Musik ist es so, dass du sie hörst, sie streichelt deine Seele, und mit einem Mal denkst du: Das gefällt mir, das möchte ich weiter und immer wieder hören. Dafür bin ich bereit, Geld auszugeben. Es ist bedeutend, und es bedeutet mir etwas.

Wir wissen, dass die Welt so schön ist und dass die Welt so hässlich ist. Und wenn wir das Schöne bestärken, tun wir etwas für eine bessere Welt. Musik ist dazu da. Kunst ist dazu da, Tanz ist dazu da, Film ist dazu da. – Wir beide hier, wir sind auch dazu da. Wir hoffen ein Buch zu schreiben, das Leute dazu anregt, sich der Musik oder der Kunst hinzugeben, weil sie daraus etwas Bedeutsames für ihre Seele ziehen könnten. Sie müssen die Seele nicht betäuben mit Alkohol oder was auch immer, nein: Sie dürfen etwas Schönes empfinden, das ihnen *gehört*, wenn sie es empfinden. Es ist da! Wir haben es, und wir müssen es verteidigen.

Und dazu sind *wir* da: Musik so zu spielen oder so darüber zu sprechen, dass daraus etwas deutlich wird. Dass unser Leben einen größeren Zweck hat. Es geht nicht darum zu zeigen, wie gut wir sind oder was wir gelernt haben, wie virtuos wir sind. Dafür werden wir bezahlt. Das ist die eine Seite. Aber das Wunderbare ist, dass wir uns hingeben dürfen, um anderen die Ohren zu öffnen, das Herz zu öffnen – Liebe zu entfachen. Ich glaube, darin liegt der Sinn eines Musikerdaseins, für einen alten Musiker, auch für einen jungen. Wir sind das den Menschen schuldig. Denn wir wissen, dass für uns das Leben aufhört ohne die Musik, dass es ein Irrtum wäre. Eine Öde – vertrocknet, ohne Blumen, ohne Früchte. Die Sonne scheint nicht, es gibt keinen blauen Himmel.

Aber wer die Ohren hat zu hören, spürt den Reichtum der Welt.

HOLGER NOLTZE: Als ich über dieses Gespräch nachgedacht habe, fiel mir eine Überschrift von Jean Paul ein, aus den »Flegeljahren«, die ging mir nicht mehr aus dem Kopf: »Musik der Musik«. Ich finde das irgendwie inspirierend, und wie immer bei Jean Paul hat es so was Changierendes. Was meinen Sie: Gibt es so etwas wie die Musik der Musik? Ich glaube, Sie haben es gerade schon fast beschrieben: eine Art von Essenz?

MENAHEM PRESSLER: Ja, ich würde sagen, das gibt es. Es geht um das Wesentliche, und man findet es bei vielen Komponisten, über die wir gesprochen haben – Beethoven, Brahms, Mozart, natürlich. Auch bei einem wie Grieg, in diesen kleinen lyrischen Stücken. Ich liebe die sehr. Oder bei Schumann, die letzte Seite der »Kinderszenen« – unendlich schön.

HOLGER NOLTZE: »Der Dichter spricht« – vielleicht ist eben das eine Musik der Musik. Gerade weil sie in Tönen davon handelt, dass ein Dichter spricht.

MENAHEM PRESSLER: Ja, natürlich. Jean Paul hat recht: die Musik der Musik.

HOLGER NOLTZE: Es gibt sie, es gibt etwas, was jenseits des ganzen Betriebs aus Komponieren, Aufführen, Bezahlen und so weiter besteht. Und in einer heillosen Welt doch auch so etwas wie Trost birgt. Ich spreche ja mit einem Menahem, dem »Tröster«!

MENAHEM PRESSLER: Ohne Zweifel. Ohne Zweifel.

HOLGER NOLTZE: Das ist kein Kitsch, wenn man das sagt?

MENAHEM PRESSLER: Nein. Nein, schließlich weiß ich, was in der Welt vor sich geht. Zu wissen, es gab diese Konzentrationslager … Ich weiß, dass es die Lager gab und was dort passierte und was jetzt gerade passiert, überall … Und gleichzeitig fühle ich, dass wir diese Welt verschönern können und verschönern müssen.

HOLGER NOLTZE: Das Schöne zu suchen, Musik zu machen heißt nicht, sich abzuwenden vom Elend?

MENAHEM PRESSLER: Nein! Nein, sondern wirklich darauf zu bestehen, das, was schön ist, weiterzugeben. Auch darauf, dass die Jungen, die jetzt aufwachsen, das Recht haben, so zu fühlen, wie ich gefühlt habe. Die Empfindungen, die ich in mir entdecken und erfahren durfte – durch meine Lehrer, durch meine Eltern. Das wurde immer bejaht, und durch diese Bejahung empfindet man, dass wir in dieser Welt einen Platz haben als Musiker. Es gibt ja auch eine hässliche Welt. Wir sehen die Schlagzeilen in den Zeitungen, die sind alles andere als schön.

HOLGER NOLTZE: Die sind grauenhaft.

MENAHEM PRESSLER: Grauenhaft. Grauenhaft …

HOLGER NOLTZE: Wenn man die neunzig passiert hat, bei manchen auch schon früher, dann ist es häufig so, dass man sich öfter an die Kindheit erinnert. Haben Sie das auch, dass Sie sich an die Kindheit erinnern? Sie haben ein so besonders reiches und intensives Leben gelebt. Mit vielem besonders Schrecklichen und vielem besonders Schönen. Und wenn Sie an die Kindheit zurückdenken, denken Sie dann mehr an das Schlimme, oder denken Sie mehr an das Schöne?

MENAHEM PRESSLER: An das Schöne. Ich denke kaum an das Schlimme aus meiner Kindheit. Ich fühlte mich beschützt zu Hause. Ich fühlte mich geliebt, sogar von meinen Geschwistern. Wie viel Glück hatte ich, als Kind aufzuwachsen mit so viel Liebe und Hingabe! Ich bin, wie mich meine Frau genannt hat, ein Glückspilz, *a lucky mushroom. »What is a lucky mushroom?«,* das haben viele nicht verstanden, natürlich. Aber wir verstehen, was ein Glückspilz ist.

HOLGER NOLTZE: Auch für die Musik braucht es Geduld, Liebe, Hingabe. Die brauchen Sie als Musiker. Die braucht auch der Hörer.

MENAHEM PRESSLER: Hingabe ist eine herrliche Gabe. Du gibst dich, das Großartigste, was du hast, als Musiker, als Lehrer, als Liebender.

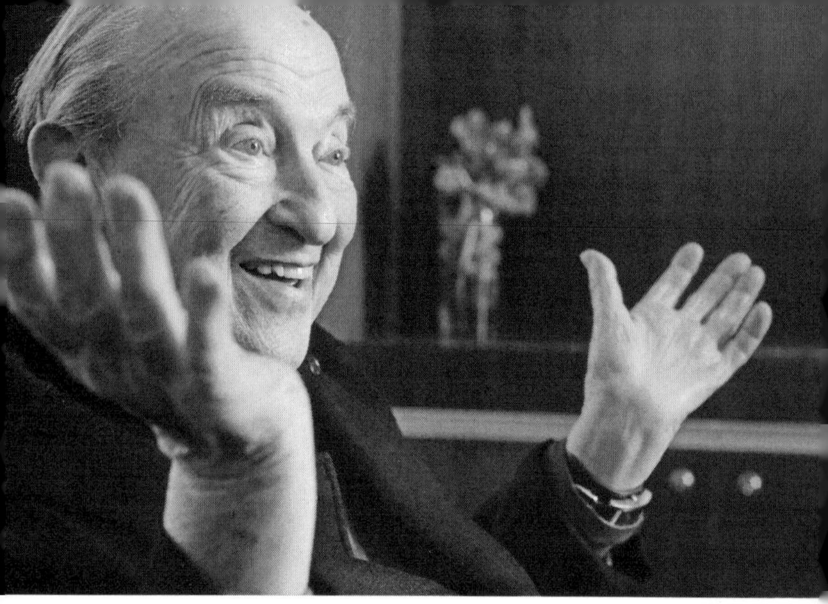

HOLGER NOLTZE: Dazu passt vielleicht noch so ein typischer Pressler-Moment, über den ich gern mit Ihnen sprechen würde. Am Anfang des »Forellenquintetts«, da hat das Klavier so eine Initiale, bloß ein oktaviertes A, und dann über zwei Dreiklang-Triolen hinauf zum höheren a. Und Sie spielen das, etwa in dem Konzert zu Ihrem 90. Geburtstag, nicht so wie die meisten, nicht als ein Ausrufezeichen, eigentlich gar nicht als etwas, das Sie machen, sondern als etwas, das Sie empfangen.

MENAHEM PRESSLER: Ja, und nicht nur das, sondern das Cello und die Geige, die das beantworten, die müssen das so weiterführen.

HOLGER NOLTZE: Und es leuchtet in dieser Verhaltenheit. Es ist kein Triumph in der Musik.

MENAHEM PRESSLER: Nicht im Geringsten.

HOLGER NOLTZE: Ich dachte, vielleicht haben wir hier einen Zipfel des Geheimnisses. Es ist eine berühmte Stelle, aber Sie spielen sie nicht wie eine Selbstverständlichkeit, nicht wie einer, der weiß, was da kommt, sondern …

MENAHEM PRESSLER: … der erwartet.

HOLGER NOLTZE: Und dann ereignet es sich. Dann ist es wirklich ein Ereignis – dann ist es wie neu.

MENAHEM PRESSLER: Das habe ich durch Guilet gelernt. Ich habe nämlich das »Forellenquintett« mit seinem Quartett gespielt, und er hat geschimpft wie ein Rohrspatz, gerade bei dieser Passage. Ich brauchte eine Weile, bis ich verstanden habe, was er meint: dass das Klavier das richtig spielen muss, damit die Geige das Thema richtig spielen kann, das Tänzerische und Schöne.

HOLGER NOLTZE: Das heißt, Sie öffnen es als Pianist, Sie öffnen das Stück für den Nächsten.

MENAHEM PRESSLER: Wie eine Tür, ja. Ich öffne sie für das Thema.

HOLGER NOLTZE: Und eigentlich ist es ja keine Überraschung, was da musikalisch passiert, das a ist nun da der obere Ton. Aber indem Sie es so spielen, können Sie … – staunen.

MENAHEM PRESSLER: Ich kann es anhalten, ja.

HOLGER NOLTZE: Eine Winzigkeit anhalten …

MENAHEM PRESSLER: Und ich halte es auch ein wenig, sodass der Kontrabassist dann ein Diminuendo spielt und der Geiger dann mit Vergnügen das Thema zum ersten Mal und variiert das zweite Mal spielen kann.

HOLGER NOLTZE: Und weil Sie staunen können, weil Sie es so spielen, dass es sich als etwas Neues ereignet, können Sie es auch so spielen, dass wir anderen staunen können. Dass wir es eben nicht hören wie das berühmte »Forellenquintett«, das eben bekanntermaßen so und so beginnt und über das wir alle Bescheid wissen.

MENAHEM PRESSLER: Ich kannte einen sehr berühmten Bassisten, für den war das Stück sein Leben. Er hat mir oft gesagt, er hätte *nightmares*, dass Schubert den Bass posthum noch streicht aus dem »Forellenquintett«.

HOLGER NOLTZE: Nicht auszudenken!

MENAHEM PRESSLER: Er hat es wunderschön gespielt, und er hat mir mal erklärt, dass er sich vorstellt, er steht mit einem Luftballon an einem See und lässt den los, lässt ihn fortfliegen – und so wollte er, dass das Thema fliegt.

HOLGER NOLTZE: Der Mann der ganz tiefen Töne träumt sich einen Luftballon, der nach oben wegfliegt!

MENAHEM PRESSLER: Ich konnte ihn verstehen, denn das »Forellenquintett« hat eine große Rolle auch in meinem Leben gespielt und wird es immer spielen. Es ist ein himmlisches Stück und zeigt Schubert von einer ganz anderen Seite: dass er glücklich sein konnte. Dass er lachen konnte und dass er tanzen konnte. Das hat er getan, und ich mit meinen einundneunzigeinhalb, ich habe oft mit ihm getanzt.

HOLGER NOLTZE: Und jedes Mal, das ist es doch, war der Tanz ein bisschen anders.

MENAHEM PRESSLER: Ja, selbstverständlich.

HOLGER NOLTZE: Und es ist nicht nur ein Tanz mit einer alten Freundin, über die wir schon alles zu wissen glauben …

MENAHEM PRESSLER: Nein, man dreht sich immer anders. Man schreibt es neu. Es gab bessere, sehr inspirierte Aufführungen, es gab weniger gute Aufführungen. Ganz normal. Aber das Stück an und für sich und dass Schubert das geschrieben hat, das hat mich immer glücklich gemacht. Weil ich wusste, dass er auch glückliche Tage hatte, nicht nur gelitten hat, wie am Schluss. Diesem grausamen Schluss …

HOLGER NOLTZE: Wenn Sie die B-Dur-Sonate spielen, die späte, da gibt es einen abgrundtief tiefen Triller, wo es wirklich grummelt und man denkt, das ist jetzt der Tod.

MENAHEM PRESSLER: Ja, das ist der Wind über dem Grab, über seinem Grabstein.

HOLGER NOLTZE: Leuchtet mir ein. Es gibt Pianisten, die machen das wirklich wie einen Horrorfilm, das ist ganz finster. Aber Sie halten auch da etwas inne, und Sie nehmen eine Dynamikstufe raus, statt es zu betonen.

MENAHEM PRESSLER: Das ist auch eine technische Frage, wie man das machen kann. Ich habe einen sehr, sehr guten Freund, Robert Levin, ich nenne ihn den Talmudist. Er lebt in Boston und ist einer der besten Musikologen, die ich kenne. Und Robert Levin hat zu Hause ein Klavier, das Schubert hatte.

HOLGER NOLTZE: Wirklich?

MENAHEM PRESSLER: Jedenfalls ist es ein Hammerklavier aus Schuberts Zeit. Und das einzige Klavier, mit dem man diesen tiefen Triller wirklich leise spielen kann. Wie der Wind über einem Grab. *Düüüüüüdüüüüüüü.* Natürlich konnte ich mit diesem Klavier nicht reisen. Ich musste es imitieren, und ich habe darum gekämpft, sehr schwer gekämpft. Und es ist mir auch manchmal gelungen. Ich glaube, auf der Platte ist es mir gelungen.[10]

HOLGER NOLTZE: Ich würde sagen, es ist gelungen.

MENAHEM PRESSLER: Ich glaube auch, ja. Denn sonst hätte ich es wiederholt und wiederholt ... Es war für mich immer faszinierend zu sehen, wie Schubert eine Sonate nach der anderen schrieb und sie ihm nicht gut genug waren, denn es gab ja Beethoven. Als Beethoven starb, war er sogar einer der Sargträger. Aber als er dann seine letzten drei Sonaten schrieb, da war er sich seiner sicher. Er schrieb mit all den Gefühlen, die er hatte, und es wurde eine, ich würde sagen: perfekte Sonate. Da bringt er zum Ausdruck, was die Essenz seiner Musik ist.

HOLGER NOLTZE: Inklusive der Zweifel.

MENAHEM PRESSLER: Oh ja.

HOLGER NOLTZE: Die waren – bei aller Sicherheit am Ende – nicht weg, sondern die machen es ja aus, und das ist vielleicht der Grund, warum uns Schubert so nah ist. Weil er auch mitkomponiert, was er nicht weiß, wo er ratlos ist und wo die Musik klingt, als wüsste sie nicht mehr weiter. Niemand kann das so ausdrücken.

In der großen C-Dur-Symphonie, im zweiten Satz, als es zu dieser Katastrophe führt und die Musik plötzlich stehenbleibt – die Generalpause. Und dann ganz verloren, tastend, wieder beginnt …

MENAHEM PRESSLER: Ich denke an die A-Dur-Sonate, an den zweiten Satz, wie es geradezu schizophren wird. Er wird wirklich krank in diesem Satz. Und dann in der c-Moll-Sonate, wie er diesen letzten Satz aufbaut, das ist auch technisch fantastisch. Und in der B-Dur-Sonate, das letzte Wort … Und zum Schluss kann er glücklich sein, das ist das Unglaublichste: wie er glücklich ist, zum Schluss. Er stirbt glücklich. Als er es geschrieben hat, hat er doch enorm gelitten. Syphilis. Fieber. Nur sein Bruder kam, um ihm die Lippen mit etwas Wein zu befeuchten, und er schrieb weiter … Und wie der Bruder den Vater dann überzeugen konnte, in der Nähe von Beethoven ein kleines Grab zu finden …

Das Drama, das sich abspielt, um uns diese große Musik zu schenken, ist interessant. Aber selbst wenn wir das Drama nicht kennen würden: Die Schönheit dieser Musik ist lebenswichtig. Das ist nicht einfach interessant. Es ist tief bedeutend, herzerregend für den, der es kennt, und für den, der es kennenlernt. Der darin eingeführt wird durch jemanden, der es kennt. Und wenn du Schubert unterrichtest, dann unterrichtest du ihn mit all dem: mit dem Schrecklichen und Schweren und auch mit diesen schönen Augen und gekräuselten Haaren, als er nicht krank war. Da war er schön, da war er jung, und es fielen ihm so viele Sachen ein. Dreihundert Lieder, wie kann man das überhaupt schreiben? Und er hat uns all das hinterlassen. Wir Glücklichen.

HOLGER NOLTZE: Wir Glücklichen.

Ich freue mich sehr über das, was Sie jetzt gerade noch gesagt haben. Im Grunde brauchen wir das biografisch Interessante nicht. Wir können es dazunehmen, aber es ist nicht so, dass die Musik bloß der Soundtrack sein soll – den Eindruck hat man häufig – für unser Bild des Lebens eines großen Komponisten. Das ist so oft ein Irrtum, denn es geht um die Musik.

MENAHEM PRESSLER: Es geht nur um die Musik. Wobei es nicht schadet, ein Leben zu kennen, zu wissen, unter welchen Bedingungen jemand komponiert hat …

HOLGER NOLTZE: Es hilft.

MENAHEM PRESSLER: Es macht die Bewunderung manchmal noch größer, ja natürlich.

HOLGER NOLTZE: Mir gefällt der Gedanke, für den es im Englischen das Wort *serendipity* gibt, Findeglück. Serendip ist ein alter Name für Ceylon, und es gehört eine Geschichte dazu, eine Art Märchen: Es handelt von drei Prinzen, die in die Welt hinausziehen, und der Grundgedanke ist, sie gehen hinaus und suchen nichts, nichts Bestimmtes, sondern finden etwas. Ihre Art, Klavier zu spielen, kommt mir so vor: nicht so sehr als zielgerichtete Suche, nicht mit einem sozusagen heroischen Durchdringungsehrgeiz, mit der Idee: Da und da muss und will ich landen. Es ist nicht das Daraufzusteuern. Sondern offen dafür zu sein, etwas zu finden, es erscheinen zu lassen.

MENAHEM PRESSLER: Das stimmt.

HOLGER NOLTZE: Ich glaube, nach allem, worüber wir gesprochen haben, sind Sie sozusagen ein Finde-Glückspilz. Sie finden Dinge.

MENAHEM PRESSLER: Ohne Zweifel! Das ist, was ich eben meinte mit dem Glückspilz. Dass ich darüber stolpere, und mit einem Mal fällt die Nase auf den richtigen Pilz. Und der ist dann gut!

HOLGER NOLTZE: *Lucky mushroom.*

MENAHEM PRESSLER: Den kann man essen! Lucky! – Was für ein Reichtum. Aber es ist auch unsere Pflicht, das zu teilen und dafür zu kämpfen. Wenn wir Einfluss haben, den zu benutzen. Die wichtigen Leute zu kennen, die helfen können, Politiker, die Leute, die entscheiden. Sie dazu bringen, etwas Schönes wahrzunehmen und uns zu unterstützen, damit es erhalten bleibt. Wir empfinden doch deutlich: Wir müssen all dies – die Musik, das Schöne – weiter erhalten, denn sonst wird das eine Welt, die sehr, sehr traurig ist und viele hässliche Seiten hat. Aber sie hat auch so viele schöne, die uns geblieben sind und die von Anfang an da waren: Im Paradies muss es Musik gegeben haben.

Wenn wir die Bilder von Rembrandt sehen oder die Deckengemälde der Sixtinischen Kapelle – das sind Ahnungen vom Paradies. So etwas Schönes gibt es nur einmal, es ist in unsere Obhut gegeben. Wir müssen es verteidigen und es ehren. Und wir ehren es dadurch, dass wir es vermitteln. Dass wir Leute dazu bringen, es zu sehen, und genauso in der Musik: es zu hören.

HOLGER NOLTZE: Und man hört Ihnen zu! – Das war ja eine Karriere, eine Weltkarriere im Trio. Das Berühmte war das Beaux Arts Trio, das Berühmte war auch ein bisschen Menahem Pressler, aber erst einmal das Trio.

MENAHEM PRESSLER: Absolut das Trio.

HOLGER NOLTZE: Und jetzt kommt diese späte Solokarriere noch einmal.

MENAHEM PRESSLER: Das ist die größte Überraschung für mich, dass da jetzt noch etwas Neues beginnt! Was für eine Freude und eine Ehre, zum Beispiel dieses große Geburtstagskonzert zum Neunzigsten in Paris.

HOLGER NOLTZE: Bei Ihrem Geburtstagskonzert mit dem Ébène-Quartett spielen Sie auch das »Forellenquintett«, man sieht Sie als Liedbegleiter mit Schubert. Und einmal spielen Sie gar nicht, sondern die Ébènes spielen Ihnen etwas vor, den langsamen Satz aus dem Debussy-Quartett. Und Sie sitzen da und hören zu, und man denkt: Er ist auch ein Künstler des Zuhörens. Die Musik ist in Ihrem Gesicht zu lesen. – Sie hören voraus, oder?

MENAHEM PRESSLER: Absolut! – Und ich habe diesen Satz noch nie so schön gehört.

HOLGER NOLTZE: Es ist wirklich innig.

MENAHEM PRESSLER: Es war so innig und so schön. Ich hatte dem ersten Geiger immer vorgeworfen, dass er ein bisschen zu laut spielt. Ich habe ihm gesagt: »Du musst nicht beweisen, dass du der erste Geiger bist. Du bist der erste Geiger.«

HOLGER NOLTZE: Der strenge Lehrer, immer!

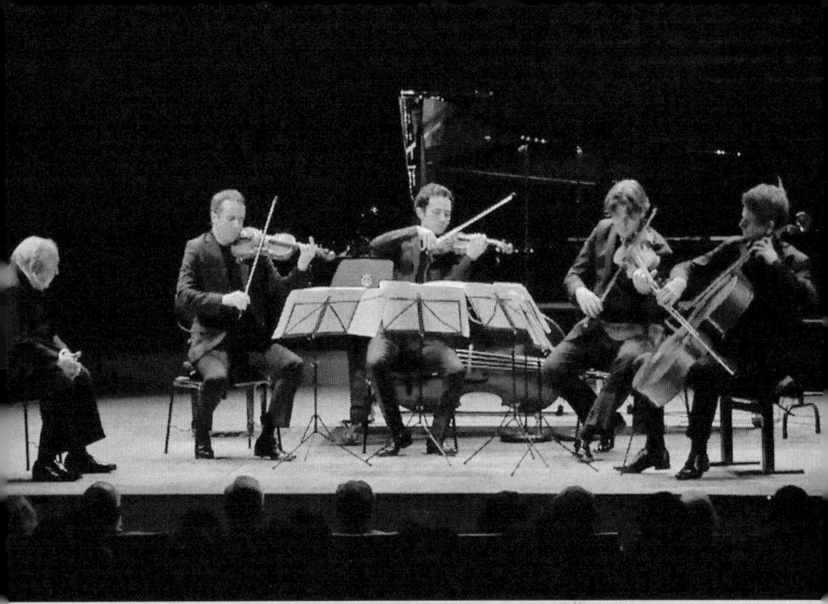

Konzert zu Menahem Presslers 90. Geburtstag: Das Quatuor Ébène spielt Debussy im Pariser Salle Pleyel.

MENAHEM PRESSLER: Nein, wie soll ich sagen, er spielt mit großer Hingabe und sehr bewusst in der Intonation. Wir spielten das Brahms-Quintett in einem Konzert, und an einer Stelle spielt er enorm laut, und Brahms schrieb da in seinen Noten: pianissimo. Da sagte ich ihm: »Sag mal, was steht denn eigentlich in deinen Noten?« Und er meinte: »In meinen Noten steht pianissimo, aber ich kann mich ja nie hören.« Da sagte ich ihm: »Weißt du was, selbst wenn du forte spielst, wirst du dich nicht hören. Es ist kein Kampf zwischen Klavier und Streichquartett. Ich kann am Klavier immer viel lauter spielen, aber wenn du pianissimo spielst, wirst du dich hören.« Und das hat er getan, und da hat er sich gehört. Und wie er nun da mit den anderen den Debussy spielte, war es hinreißend, und ich war hingerissen …

HOLGER NOLTZE: Das sah man.[11]

MENAHEM PRESSLER: Die Musik geht ja nicht nur durch einen hindurch, wenn man spielt, sie tut es auch, wenn man hört. Und hier konnte ich hören. Die haben mich einfach auf die Bühne gesetzt, und ich hab dagesessen, hingerissen.

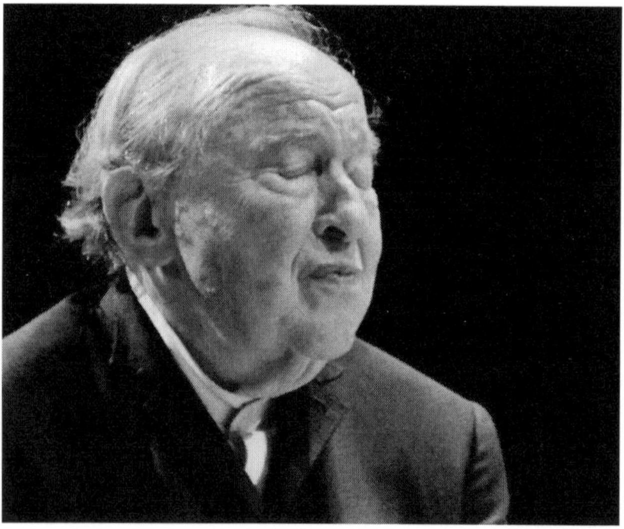

Musik der Musik

Über Menahem Pressler und seine Kunst

Wie er am Ende des Konzerts zur Feier seines 90. Geburtstags da sitzt und den anderen zuhört, den jungen Musikern des Ébène-Quartetts, gleich mehrere Generationen jünger als er; wie er da in höchster Aufmerksamkeit und zugleich sehr entspannt sitzt, nicht am Klavier, seinem Arbeitsplatz seit mehr als siebzig Jahren, sondern auf einem Stuhl neben dem Streichquartett, das Debussy für ihn spielt: Menahem Pressler zuzuschauen, wie er den anderen zuhört, das sagt viel über diesen außerordentlichen Menschen und Musiker. Es ist ein Bild des idealen Hörens, vollkommener Rezeptivität. Pressler so hingerissen zuhören zu sehen weckt den Wunsch, Musik auch einmal so zu erleben wie vermutlich er.

Zugleich erinnert dieses Bild daran, dass auch beim Musikmachen das Machen ja nicht alles ist. Wenn man den Musiker Pressler fragt, was seine Kunst ausmacht, dann spricht er immer wieder und viel vom Üben, das für ihn nichts Mechanisches ist, sondern eine besondere Verbindung von Disziplin und Hingabe, und – für ihn – ein großes Glück: mehr als bloß Notwendigkeit, mehr auch als Vergnügen. Das Üben ist für Pressler eben nicht eine Investition in etwas künftig zu Erreichendes, Lustaufschub, es ist selbst Lust und wohl noch mehr: geistige Lebensform. Das hilft verstehen, warum dieser Musiker sich nicht erschöpft, warum die Noten, die er spielt, nie erschöpft klingen – und uns, im Parkett, nicht erschöpfen, sondern auf diskrete Art verzaubern. Es ist nicht nur eine Sache der Physis, der Kondition. Dahinter wirkt eine geistige Kraft, die nicht – bestimmt auch, aber nicht vor allem – das Ergebnis von Arbeit, Anstrengung, Überwindung von Schwierigkeitshindernissen ist, also »Training« im weiteren Sinne. Wenn Pressler außer vom Üben immer wieder vom Suchen spricht, von seinem langen Musikerleben als einer nicht endenden Suchbewegung, dann denkt man, als Gegenüber, Zuhörer, Publikum, immer mit, dass diese Suche doch ein unentwegtes Finden ist. Und dabei geht es um Schönheit, nicht um Pilze, auch wenn dieser große Suchende von sich so gern als *lucky mushroom* spricht. Ein Glückspilz, zu dessen Glück es gehört, dass dieses Suchen und Finden immer weitergeht.

Unser Glück, dass wir mitfinden dürfen. Dass eine oft gehörte Phrase bei Beethoven, Schubert, Mozart, Dvořák unter Presslers Händen, die keine Pranken sind, anders klingt, in anderem Licht leuchtet. Zum Finderglück gehört auch, dass es so wenig mit Wollen und

Müssen zu tun hat, dafür viel damit, dieses Andere geschehen zu lassen, letztlich: zu empfangen. Lässt sich so reden, ohne in die in Bezug auf Musik so naheliegenden Diskurse des Mystischen zu geraten? – Für Pressler gibt es einen Himmel und darin einen Gott, für ihn kommt bestimmt viel »von oben«, aber es lässt sich, worum es hier geht, auch als musikalisches Ereignis en détail beschreiben. Was sein Spiel unterscheidet, im »Forellenquintett« etwa oder bei Chopin, und wovon in unseren Gesprächen mehrmals die Rede war, ist die besondere Gabe, die Zielnote einer Phrase nicht wie einen Pfeil in ein Schwarzes zu schießen, den Ton nicht eigentlich zu machen, sondern ihn »geschehen« zu lassen. Man muss das Nachdenken über diese Gabe und Besonderheit nicht delegieren an die jenseitigen Instanzen der Transzendenz, sei es Gott oder Inspiration. Man kann es auch ganz diesseitig fassen: Der Mann hat Zeit, und wunderbarerweise, je älter er wird, desto mehr.

* * *

Anfang Februar 2016: Pressler spielt in Hamburg mit dem Ébène-Quartett eine kleinere Fassung des Pariser Jubiläumsprogramms von 2013, das Debussy-Quartett, dann Dvořáks A-Dur-Klavierquintett. Charakteristisch zart tröpfelt die markante kleine Triolenfigur zu Beginn des zweiten Satzes aus dem Steinway. Auf dem Papier ist das nichts Besonderes, hier wird es Ereignis, reine Schönheit, auf dessen Wiederholung sich das Ohr immer neu vor-freut, und es gibt nicht wenige Wiederholungen in diesem Satz. Dvořák hat sich (einmal mehr) an der Dumka inspiriert, einem ukrainischen Volkstanz; dazu gehören auch starke Tempowechsel, vom Andante in eine mittlere Bewegung, dann ein mitreißend selbstvergessenes Vivace und zurück. Der Dumka-Satz, an diesem Abend, wird eine Lektion über ideales Zusammenspiel, das aus dem genauesten Aufeinanderhören kommt. So werden unsere Ohren Zeugen, wie Schönheit entsteht.

Am Anfang ist der Ton. Keine Würdigung des Künstlers Pressler, die ohne den Hinweis auf dessen besonders »schönen« Ton auskommt. Das ist, den Klang vor Ohren, ebenso plausibel wie andererseits rätselhaft, denn zwischen der Hand des Pianisten und dem Klangresultat steht die doch objektivierende Mechanik des Instruments. Wir umkreisten den Punkt im Gespräch, ohne dieses Rätsel zu lösen, weder im Allgemeinen noch in diesem außerordentlichen Fall. Denn hinsichtlich des schönen Tons reiben sich Presslers Auskünfte ebenso an seiner Philosophie der unabschließbaren Suche wie an seinem Lob des Übens: Diesen Ton, sagt er, hatte er von Anfang an, und wo der herkommt, könne er nicht sagen.

Was können wir sagen, die Zuhörenden? Das Reden und Schreiben über Musik, je näher es dem Gegenstand kommen will, erfährt die Grenze, die Musik und Sprache trennt, umso schmerzhafter. Es ist nicht das

Beschreiben eines per se Unbeschreiblichen, denn etwas kann man ja sagen, und dass das Reden über Musik nicht nur für die Sache interessieren, über seine Form, Geschichte, Voraussetzungen informieren, sondern im Gelingensfall auch die Möglichkeiten der Wahrnehmung erweitern kann, stimmt ja auch. Aber vor der Erfahrung des Schönen versagen Analyse, Information, Vergleich, alle Werkzeuge der Musikwissenschaft wie der Kritik, und die poetischen Verfahren der Literatur können vielleicht bis an die Grenze führen, aber nie weiter. Die treffendste Metapher, die ausführlichste Beschreibung können nicht erfassen, was dem Ohr sofort einleuchtet: schön!

Dieses Verlangen nach Schönheit: Darin liegt zunächst die Erfahrung, dass etwas fehlt, das man wiederhaben möchte. Man kann das musikalisch Schöne nicht halten, nur ungefähr erinnern. Von einem schönen Ton zu sprechen, bei einer Geige, einer Stimme und auch beim Klavier, schließt die Erfahrung ein, dass er ja schon verklungen ist. Der Ton und alle Musik und noch John Cages Ewigkeitsorgel »As slow as possible« stehen unter dem Gesetz, dass sie unhaltbar sind. Die Erfahrung von Musik lehrt die Achtung vor dem Flüchtigen. Sie rührt einen, oder besser: sie kann uns rühren, weil sie uns die Lektion der Endlichkeit als Lebensprinzip mit sinnlicher Evidenz erteilt. Und ein neunzigjähriger Pianist, dem die Erfahrung des Mangels, das Verlangen nach Schönheit zum Treibstoff für ein langes Leben und Üben wurde, in dem das Verlangen wach bleiben konnte, weil das, was es sucht, so »enorm« (ein Pressler'sches Lieblingswort) ist, er rührt uns besonders, weil wir ihn zugleich als leidenschaftlich Suchenden wie als immer neu glücklich Findenden sehen. Nicht jeder hat Ahnungen vom Paradies. An diesem Abend in Hamburg, im Quintett mit den Ébène-Streichern, im Dumka-Satz bei Dvořák, lässt sich aus der Nähe zumindest die Außenseite der Schönheitsentstehung beobachten. Wie Pressler aus einem vollkommen »runden« Klavierton, einem schönen Einzelnen, eine Legato-Linie wie aus schimmernden Perlen formt. Das Schöne aber liegt hier nicht allein im Klang, in Farben, Nuancen, Sensationen – es findet ebenso statt zwischen fünf Musikern. Kann denn Kommunikation schön sein? Im schnellen Abschnitt hält es weder die jungen Streicher noch den älteren Kollegen, noch irgendeinen im Saal.

Danach gibt es zwei besonders geliebte Klavierzugaben, Chopins cis-Moll-Nocturne, danach noch die Mazurka a-Moll aus op. 17. Hat man das je so frei gehört? Pressler versteht die Akkorde am Anfang als eine Frage, die Dreiviertelbewegung danach als Tanz. Er spielt sie zugleich intensiv und wie gerade erfunden, mit recht unvorhersehbaren Rückungen im Tempo. Das Ergebnis im Hörerhirn ist ein momentanes Schwindelgefühl: Wenn dies ein Tanz ist, dann ist dieser Tanz ein Schweben über einem Dunklen, und am Ende steht das Fragezeichen vor einer Leere, die kaum auszuhalten ist, sofern man sich nicht rettet ins Drüberweghören.

Das Publikum, an diesem Abend in Hamburg, rettet sich in stehende Ovationen. Pressler, der sich ehrlich freut, wenn die, für die er spielt, ihm diese Ehre erweisen, schaut milde, und vielleicht liegt darin auch eine Spur Nachsicht. Hinterher, im Meet-and-Greet-Trubel des Künstlerzimmers, mit Freunden und Funktionären und den vielen, die diesen Pianisten mehr und umfassender lieben als andere Musiker, mitten in den Schaumwolken der Gratulationen, die Frage nach der Mazurka, die er so frei, darf man sagen frech?, hingeworfen hatte. »Steht alles in den Noten«, flüstert er, mit feinem Lächeln, und der Frager, der hier unter die Liebenden zu zählen ist, hört »alles in den Noten so steht«, denn manchmal wirkt dieser Menahem, der »Tröster«, wie Yoda, der körperlich kleine Jedi-Meister aus »Star Wars«, der ein Riese an Kraft und Weisheit ist: jener guten Seite der Macht, die wir Musik nennen.

* * *

Einmal, als wir schon ein paar Stunden gesprochen hatten, im Clubraum eines Hotels, über den Dächern von Berlin, fragte ich, ob er vielleicht eine Pause machen wolle. Die Antwort kam schnell: Keine Pause, weitermachen. Zu den Außergewöhnlichkeiten des mit Außergewöhnlichem so reich gesegneten Menschen Menahem Pressler gehört eben auch seine nicht versiegende Motivation. Immer genau zur verabredeten Zeit erschien er, ein Herr von fast zweiundneunzig Jahren (einundneunzigeinhalb, wie er korrigieren würde), nahm Platz und war bereit zu einem Gespräch mit offenem Ende, sowohl zeitlich wie inhaltlich, offen auch für Gedankensprünge und Umkreisungen dessen, was ihm wichtig ist. Man muss bei ihm die großen Fragen nicht auslassen, man muss sie nicht kleinmachen, bloß weil wir uns daran gewöhnt haben, sie nicht zu stellen. Nach Musik, nach Schönheit, nach dem großen Glück eines Lebens und dem großen Unglück. Er hatte Lust zu erzählen, aber auch sich zu unterhalten. Es wurde dabei übrigens nicht wenig gelacht. Und nach dem ersten Tag gestand ich ihm meine Erleichterung, dass unser Gespräch kein übliches Interview werden würde, vor allem nicht, was meine stille Sorge gewesen war: Monologe eines Mannes im Besitz der Wahrheit. Davor bewahrte, was sich schon bald als das Zentralmotiv dieses außerordentlichen Lebens erwies: der Pianist als ewig Suchender und glücklich Findender. Er kennt auch das Glück der Dankbarkeit. Viel hat Menahem Pressler gefunden und herausgefunden über die Kunst des Klavierspielens, und er freut sich daran, das, was er gefunden hat, zu teilen. Möglicherweise haben wir hier schon ein Stück des Geheimnisses seiner unversieglichen Energie: die Freude am Entdecken und am Teilen, das Staunenkönnen, das Entzücken, das nicht aufhört.

* * *

Vielleicht teilt er mit Beethoven das Geburtsdatum, das ist nicht sicher zu sagen, denn von Beethoven wissen wir nur den Tauftermin. Bestimmter als solche Kalenderzufälle und sicherer zu erkennen ist seine tiefe musikalische Beziehung zu Beethovens Musik, sodass die Ohnmacht am Klavier, in einer Unterrichtsstunde in Palästina, von der man sprechen muss, um nicht allein den physisch, sondern auch mental und seelisch prekären Zustand des jungen Mannes von sechzehn Jahren in dieser frühen Phase des Exils zu ermessen – dass diese Ohnmacht sich bei Beethoven-Musik ereignete, während er die As-Dur-Sonate op. 110 spielte, die ihm so besonders viel bedeutet, mit der er sich mehr noch als ohnehin identifiziert. Das Stück, die vorletzte der Sonaten, eröffnet eine doppelte Perspektive aufs Leben: Es hat den Pianisten Pressler fast ein Leben lang begleitet; und er findet darin eine selbst für Beethoven besondere Erhabenheit, eine Art Zusammenschau eines Lebens zwischen hochfliegendem Idealismus, Hedonismus, Bedauern, Zweifel.

Ob die As-Dur-Sonate im letzten Satz, nach dem tastend-sprechenden Rezitativ und der großen Fugenarchitektur, wirklich im Triumph endet oder ob das Sieghafte hier eher herbeigezwungen wird, darüber konnten wir uns nicht ganz einig werden und mussten es ja auch nicht. Bestimmt hört man die Aufschwünge des Endes anders, wenn auch in der Verlorenheit zuvor eine biografische Extremerfahrung der Dunkelheit und des Ohnmächtigwerdens mitklingt. Mitklingen meint allerdings etwas anderes, Zarteres als die Identifikation mit dem Beethoven-Narrativ eines heroisch Leidenden.

* * *

Menahem Pressler wurde geboren als Max Menahem, am 16. Dezember 1923, in Magdeburg. Die Eltern, Moritz und Judith Pressler, führten einen Laden in der Buttergasse Nummer 9, »Hosen Pressler«. Max hatte zwei Geschwister, Leo und Selma, zwei und drei Jahre jünger als er. Die Presslers waren religiös, die jüdischen Feiertage wurden eingehalten, die Bar-Mizwa-Feier zur religiösen Mündigkeit mit 13 war eine Selbstverständlichkeit, der junge Max übte sich im Vortrag und Vorsingen der Thora. Musik spielte eine Rolle im Hause Pressler, man hörte Schallplatten, der Vater spielte – »schlecht« – Geige.

Max spielte besser, nicht nur Geige, sondern auch Klavier, denn er übernahm bald die Stunden, die für seinen Bruder vorgesehen waren. An den Klavierlehrer Herrn Kitzel, Kantor der evangelischen Kirche und Besitzer des Klavierhandels, bei dem sein Vater das Klavier gekauft hatte, erinnert sich Pressler mit Liebe – wie er überhaupt seine vielen und wichtigen Lehrer immer mit einer besonderen Zärtlichkeit erwähnt, ob sie streng waren, oder – eine wichtige Pressler'sche Kategorie – »lieb«. Dieser frühe Unterricht führte schnell ins große Repertoire: Bach, Mozart- und Beethoven-

Sonaten und -Konzerte, eine Ungarische Rhapsodie von Liszt, von Chopin manches Kleinere.

Wie kann man sich dieses Leben vorstellen? – Pressler spricht von der Liebe, die in der Familie herrschte, auch von einem gewissen Pragmatismus. Und er spricht, wenn es um Musik geht, wie von einem Paralleluniversum. Das Klavier scheint für ihn tatsächlich die Tür in eine andere Welt geöffnet zu haben: Wenn er übte, vergaß er manchmal zurückzukehren. Und noch wichtiger: Als das Leben für Juden in Deutschland erst schwerer und dann unmöglich wurde, als die Schreckensherrschaft der Nazis immer beklemmender wurde, da war sein Musikmachen davon in einer Weise unberührt, die wir uns heute schwer vorstellen können. Die Presslers erfahren den Horror der Reichspogromnacht, und am nächsten Tag sitzt Max wieder am Klavier. Der couragierte Herr Kitzel lässt seinen begabtesten Schüler nicht fallen, kommt zu ihm nach Hause, als es andersherum nicht mehr möglich ist. Er schickt ihm noch einen Band Debussy hinterher, nach Triest, nachdem die Familie 1939, im allerletzten Moment, Deutschland verlassen hat. Dass die deutschen Grenzer die Presslers passieren lassen, mit einem Touristenvisum, war Glück, Zufall, der seidene Faden, an dem hing, dass diese jüdische Familie überleben konnte, anders als die meisten anderen Mitglieder des weitverzweigten Pressler-Clans.

Am 22. Oktober 1939 landeten Moshe und Yehudit Pressler mit ihren Kindern Max, Eliash und Galia auf dem Schiff »Galil« in Haifa, Palästina. So vermerken es die Einreiseakten; die Vornamen wurden hebräisiert, Max wechselte erst 1946 in den USA seinen Rufnamen. »Menahem« war für ihn immer ein Statement, ein entschiedenes Bekenntnis zum Staat Israel. Die »Galil« kehrte nicht mehr nach Italien zurück, um weitere Flüchtlinge aufzunehmen. Man kann es kaum anders als symbolisch verstehen, dass der 15-Jährige auf der viertägigen Überfahrt sein erstes Konzert mit gedrucktem Programm gab. Beethoven, Brahms, Chopin.

In Tel Aviv konnte Vater Pressler zunächst in den Lebensmittelhandel seines Bruders einsteigen, schließlich eröffnete »M. Pressler: Men's clothes, sport coats, specialists for trousers« neu, bald bekannt als »Pressler's Pants«. Menahem beschreibt sich in dieser Zeit als *angry young man*, zugleich hungernd nach Musik und unfähig zu essen.

Aber er hat Glück mit seinen Lehrern. Er darf am Tel Aviv Conservatory lernen, vier Jahre geht er durch die russisch-französische Schule bei Eliahu Rudiakov, Pressler fragt ihn, was er für den schwersten Brocken der Klavierliteratur hält: Balakirews »Islamey«. Dass das Stück in Presslers erstem Soloabend im neuen Land auftaucht, zeigt etwas. Es zeigt einen wütenden jungen Mann, der es mit dem Schwersten aufnehmen will: Max-Menahem, der seine Heimat verloren hatte, kämpfte am Klavier.

Über Rudiakov fand Pressler noch zu einem weiteren wichtigen Lehrer. Leo Kestenberg war eine der prominenten Figuren der musikalischen Emigrantenszene in Palästina, dann im jungen Staat Israel. Als Pianist hatte er bei Busoni studiert, als sozialdemokratischer Kulturpolitiker im preußischen Kultusministerium die Musikabteilung geleitet. Der Ministerialrat Kestenberg hatte die Musikpolitik der Weimarer Republik wesentlich geprägt, mit Schönberg, Klemperer, Furtwängler Berufungsverhandlungen geführt; noch wichtiger aber waren seine Reformen zur Verbesserung des allgemeinen Musikunterrichts: Musik sollte für alle zugänglich sein. 1933 war Kestenberg zuerst nach Prag, dann nach Palästina geflohen. Er wirkte als Manager des jungen Palestine Symphony Orchestra, das sich später Israel Philharmonic Orchestra nannte und vielen hervorragenden geflohenen Musikern eine Zuflucht bot.

Kestenberg war für den jungen Pressler eine in mehrfacher Hinsicht entscheidende Begegnung. Nicht nur kam er über ihn in direkten Kontakt mit der vertieften Virtuositätsauffassung der Busoni-Schule; durch Kestenberg habe er gelernt, Musik neu zu verstehen, die Fähigkeit, »zwischen den Zeilen« zu lesen, erklärte er später. Zumal für seine Auffassung von Beethoven spielte Kestenberg eine wichtige Rolle. »Es fällt dir zu leicht«, soll er dem jungen Max Pressler gesagt haben: Er solle mehr über die Bedeutung dessen nachdenken, was in den Noten steht. Folgt man Presslers Berichten über den Unterricht bei Kestenberg, war das zugleich eine Arbeit an der gedanklichen Tiefe und an der Schönheit des Klangs: Das Technische ist (nur) Mittel zum Zweck der Realisierung einer Vorstellung vom wunderbaren Klang. Auch der Orchestermanager Kestenberg war für den jungen Pressler wichtig. Als Sieger eines Wettbewerbs des Palestine Symphony Orchestra konnte Pressler mit dem Grieg-Konzert seine ersten Erfahrungen im Spiel mit einem Orchester machen. Seine Welt wurde größer.

Dazu trug, wie er erzählt, auch das Plattenhören bei, er bekam eine Vorstellung davon, wie die großen Namen klangen. Dann die ersten Erfahrungen als Pianist eines Klaviertrios, mit Menahem Meir am Cello und Nakdimon Tubin an der Geige.[12] Wie sich die jungen Musiker trafen, wie sie ihn einen Berg hinauf in den Ort trugen, wo sie spielen sollten, wie er sich auch von einem kaputten Instrument nicht davon abhalten ließ – das erzählt der über Neunzigjährige farbig und höchst lebendig, als unverblasste Erinnerungen. Zur Geschichte dieses jungen Flüchtlings gehört seine physische Schwäche, aber auch die Überwindung von Hindernissen: Es ging bergauf, aber es ging. Sicher gehörten auch Schmerzen, Einsamkeit, Verzweiflung dazu, auch Heimweh.

Zugleich weitet sich der Horizont. In einer Zeitung liest er von einem neuen Wettbewerb im fernen San Francisco, 1946. Dem Debussy-Spiel soll ein Impuls gegeben werden. Verlangt sind mehr als mehr als zwanzig Pflichtstücke, die ihm fast alle unbekannt sind, schon die Noten sind nicht eben leicht zu beschaffen für ihn. Doch er geht die Sache beherzt an, übt acht Stunden am Tag, und wieder trifft er auf einen Lehrer, der ihm weiterhelfen kann: Paul Loyonnet öffnet seine Augen und Ohren für die französische Schule und schärft sein Bewusstsein für Technik: Die Finger stark zu machen und den Arm entspannt und frei zu halten wurde eine wesentliche Lektion für Max Pressler.

Der Weg nach San Francisco führt über Kairo und New York. Erst dort kann er die Partitur für das letzte noch unbekannte Stück auftreiben, »Hommage à Haydn«. Er lernt es ohne Klavier, lesend im Zug, erreicht San Francisco am Tag vor dem Wettbewerb, spielt unter 64 Konkurrenten hinter einem Vorhang, als Nummer 2. Darius Milhaud, prominentes Mitglied der Jury, ist tief beeindruckt von der Musikalität, dem Wissen um Tradition und Klangschönheit der mysteriösen Nummer 2. Max Pressler, der junge deutsche Emigrant aus Israel, macht das Rennen.

Ab jetzt spielt er in einer anderen Liga. Dazu gehört ein Debüt in der Carnegie Hall und ein Vertrag mit Eugene Ormandys Philadelphia Orchestra. Arthur Judson, Chef von Columbia Artists, vermittelt Engagements mit den großen Dirigenten der Zeit, von Szell und Stokowski bis Bernstein, Solti, Mitropoulos. Inzwischen steht sein Name in großen Buchstaben auf den Plakaten, und da steht nun »Menahem Pressler«. Es ist seine Verbindung zum Staat Israel, auch als er in die USA übersiedelt.

Er spielt mit den Großen, doch sein Hunger zu lernen ist lange noch nicht gestillt. Er arbeitet mit Isabelle

Vengerova, dann mit dem Debussy-Zauberer Robert Casadesus an der Klarheit seines Mozart-Spiels, und mit Egon Petri, auch er ein Busoni-Schüler. Petri gesteht ihm, er selbst frage sich manchmal auf der Bühne, was er da eigentlich tue, und schaue fasziniert auf Pressler, der stelle sich die Frage nicht, spiele einfach, freue sich. Das ist mehr als ein anekdotisches Aperçu. Der Gedanke taucht ähnlich auf im Tagebuch von Svjatoslav Richter, der Presslers Spiel gut zugehört hatte: »Er vergisst sich, wenn er spielt, so vollkommen, dass ich ihn beneide.« Als Pianist von Richter beneidet zu werden ist keine Kleinigkeit. Und sie bleibt ihm erhalten, diese Kombination von Präsenz und Selbstvergessenheit.

In Israel lehnt er ein junges und hübsches Mädchen namens Sara Scherchen als Schülerin ab, aus dem Unterricht wird nichts, doch sie verlieben sich, und er hält um ihre Hand an. Im August 1949 heiraten sie in Jerusalem, ziehen aber bald nach New York. Und noch immer sieht sich Pressler als Schüler: Isaac Stern vermittelt ihm den Kontakt zu Eduard Steuermann, Schönbergs pianistischem Propheten, auch er aus der Schule von Busoni. – Tiefe Wurzeln: Wer kann von sich sagen, dreifacher Enkelschüler des großen Busoni zu sein, des vielleicht Größten nach Liszt?

Presslers Bewunderung für Steuermann ist riesig, sie arbeiten an Beethoven und Berg, Schumann und Chopin, Schönberg und Webern. Die Anekdote, wie er aus dem sommerheißen Saal der Juilliard School flieht, als Steuermann das Schönberg-Konzert zum zweiten

Mal zu spielen ankündigt, während nebenan einer Orgel übt, ist lustig, doch das schlechte Gewissen, nicht dabeigeblieben zu sein, ist ernst, bis heute. Auch das Bedauern über die verpasste Gelegenheit, mit dem legendären Artur Schnabel ins Gespräch zu kommen, der immerhin im gleichen Hotel in New York logierte, im »Stuyvesant«, das wegen seiner dicken Wände beliebt bei Musikern war. Mit Schnabel fuhr Pressler mehr als einmal im Aufzug, schweigend. Er war beleidigt, weil der große Mann sich abfällig über das Debussy-Spielen geäußert hatte; heute findet er das kindisch – eine Gnade des Alters, sich mit dem Abstand der Jahre selbst über die Schulter schauen zu können.

In New York ist er einer der gefragten jungen Pianisten, bekommt gute Kritiken, hört die etablierten Stars: Horowitz und Rubinstein, Claudio Arrau, den Super-Virtuosen Simon Barere. Er nimmt ein paar Soloplatten für MGM auf, und doch fragt er sich, wie sein Weg weitergehen wird. Wir lesen den Beginn einer Erfolgsgeschichte: Ein vielgelobter Pianist Mitte zwanzig erobert die Hauptstadt der Musik, doch es gibt Ärger mit Arthur Judson, dem mächtigen Strippenzieher des amerikanischen Musikbetriebs. Die kleine Familie zieht zurück nach Israel, wo Pressler am Konservatorium in Tel Aviv eine Stelle anstrebt und von dort seine Konzertreisen unternehmen will. Und dann klingelt das Telefon, und Daniel Guilet, dem Pressler bei MGM-Aufnahmen begegnet war, fragt, ob er für eine Reihe von Konzerten für Columbia zusammen mit ihm und dem Cellisten

Bernard Greenhouse in die USA zurückkommen wolle, dabei soll eine Trio-Platte für MGM aufgenommen werden, Mozart. Pressler sagt ja, »der wichtigste Schritt meines Lebens«, und die Familie, mit Baby, geht wieder nach New York.

1955 wird ein doppelt wichtiges Jahr. Es beginnt die Geschichte des Beaux Arts Trios, und Pressler nimmt eine Klavierdozentur an der Universität von Bloomington, Indiana, an. Beide Geschichten haben miteinander zu tun, und beide dauern lang. Der so viele Jahre Schüler war, wird Lehrer und bleibt es, noch als das Beaux Arts das berühmteste Klaviertrio der Welt wird. Bloomington wird die *home base*. Pressler liebt den Campus, wird nicht eben fürstlich bezahlt, aber er darf reisen. Längst trägt er den Ehrentitel eines *distinguished professor*, und lehrt immer weiter, eine Institution.

* * *

Man kann es merkwürdig finden, vielleicht ein wenig vorsehungsmäßig, dass Pressler auf den Anruf von Daniel Guilet hin zurück in die USA kam, man kannte sich ja kaum. Immerhin, Guilet war nicht nur seit 1944 Toscaninis Konzertmeister beim NBC Orchestra, er kam vom Calvet-Quartett und war mit Ravel selbst auf Tournee gewesen. In Amerika gründete er sein eigenes Guilet-Quartett. Eine Autorität und offenbar gut darin, Leute zusammenzubringen. Er fand Bernard Greenhouse, damals Cellist der »Bach Aria Group«, einen

Casals-Schüler aus New Jersey, der einen warm leuchtenden Ton mitbrachte; er telefonierte dem fast ein Vierteljahrhundert jüngeren Pressler ins ferne Israel hinterher. Er arrangierte einen Kammermusikabend, der vielleicht der Geburtsmoment des Trios war, das noch keinen Namen hatte, als der anwesende Robert Casadesus den außergewöhnlich schönen Zusammenklang dieser drei doch so verschiedenen Musiker bemerkte.

Ein Trio zu gründen war für sich schon eine Besonderheit. Amerika verstand unter »Kammermusik« fast ausschließlich Streichquartette. Außer dem Albeneri Trio gab es kaum ein Klaviertrio von Belang. Das neue Trio bekam einen Vertrag über zunächst neun Konzerte, man ging ins Studio, nahm aber nicht Mozart, sondern die Trios von Ravel und Fauré auf, darauf eine Platte mit Mendelssohn und Haydn.[13] Ein wichtiger Tag wurde der 13. Juli 1955, als das Beaux Arts Trio beim Berkshire Festival mit einem Beethoven-Programm für die Albeneris einsprang, mit grandiosem Erfolg. Dass ein Klaviertrio kein Klavierkonzert mit Low-Budget-Begleitung ist, auch kein Streichduo mit obligatem Pianisten, sondern eine Kunst und ein Klangereignis eigener Art, war eine Erkenntnis, die sich von nun an immer weiter verbreitete, und es hatte vor allem mit diesen drei Musikern zu tun. Plötzlich hatten sie mehr als siebzig Konzerttermine. Die dritte Platte des Trios, noch einmal mit Mendelssohn, vor allem aber mit Dvořáks »Dumky«-Trio, gewann den »Grand Prix nationale du

Disque«.[14] Die Aufnahme gibt eine Idee von den besonderen Qualitäten des Beaux Arts: Sie hat Feuer, Leidenschaft, eine musikantische Spontaneität und einen Sinn für Dvořáks spezielle Dramatik mit ihren schnellen und extremen Stimmungswechseln. Damals schon gelingen Pressler in den Adagio-Teilen des ersten Satzes und im Andante ein paar Traumtöne auf dem Klavier. Das ist momentweise ganz einfache Musik, aber an diesem frühen Beispiel wird klar, wie Menahem Pressler es schafft, Zuhörer in Gemeinschaften zu verwandeln, die eint, dass sie die Zeit gern angehalten hätten: Es soll nicht aufhören. Presslers Klavierton ist eben nicht nur besonders schön und rund – er kommuniziert auch besonders. Er spricht, und immer wieder spricht er im Modus des »Trösters« – Menahem.

Das Beaux Arts Trio wurde bald über Amerikas Grenzen hinaus zur Weltberühmtheit, auch wenn das Londoner Debüt 1958 noch kein Triumph war, als sich in der riesigen Royal Festival Hall nur 150 Zuhörer verliefen. Fünf Jahre danach hatte sich die Lage sehr geändert. Der Rezensent der »Times« brachte es nach einem Auftritt des Beaux Arts in der Wigmore Hall auf den Punkt: »Wir hielten das Klaviertrio für die widerspenstigste Form der Kammermusik. Aber diese Ansicht änderte sich erheblich, als das Beaux Arts Trio aus New York Werke von Mozart, Ravel und Brahms darbot. … In Mozarts B-Dur-Trio KV 502 erwiesen sich diese Künstler als ein völlig homogenes Team, das oft den Eindruck erweckte, dass ein einziges Instrument spielte und nicht drei. Es herrschte eine vollkommene Übereinstimmung bei Phrasierung, Attacke und Dynamik. Doch war vor allem das klangliche Verhältnis zwischen den beiden Streichinstrumenten und dem Klavier – ein überaus heikler Punkt bei einem Klaviertrio – hervorragend ausgewogen.«[15]

Der Zeugenbericht ist wertvoll, weil er nicht nur die einzigartige Wirksamkeit dieses Trios belegt, bis in die rezeptionsgeschichtliche Dimension hinein, er benennt auch das Problem der Klangbalance als Hindernis dieser Rezeptionsgeschichte. Das leuchtet ein, fraglich ist, ob die Feststellung einer vollkommenen Übereinstimmung, die Verschmelzung von Geige, Cello und Klavier zu einem einzigen Über-Instrument, die besondere Eigenart dieses Trios trifft. Man nehme Presslers Erzählungen über die so verschiedenen drei Persönlichkeiten der Urbesetzung, dann seine Betonung des Moments des »Weitergebens« einer Phrase, eines Motivs, als er über die Besonderheit des kammermusikalischen Spielens als eines Gesprächs unter – keineswegs durchgehend vernünftigen – Leuten redet: Dieses Trio hat erstens die in der Natur der Sache Klaviertrio liegenden Schwierigkeiten des immer drohenden Übergewichts des Klaviers gelöst (wozu, was die Platten angeht, natürlich die Studiotechnik beigetragen hat, im Kern aber die riesige Bühnenerfahrung als Drei-heit); es hat zweitens die besonderen Schwierigkeiten vor allem des technisch verschiedenen Vorgangs der Tonproduktion überwunden (Bogenstrich versus Hämmerchen) – dazu brauchte es diesen Pianisten, der von seinem großen schwarzen Kasten aus das Klanggeschehen nicht überflutet. Bezeichnend sein Rat an den jungen Kollegen vom Ébène-Quartett: Wenn du glaubst, man hört dich nicht, spiel leiser.

Die Frage bleibt, ob das Ideal eines Klaviertrios, womöglich sogar das von Streichquartetten, eine Art Verschmelzung überhaupt sein soll, wie der »Times«-Artikel nahelegt. Dem Einheitsgedanken – alles ein Instrument – ließe sich der einer Polarität auf engstem Raum entgegensetzen: das Bild einer gelingenden Kommunikation unter Individuen, die gerade nicht verschmelzen. Diese Kommunikation geht hier vor allem vom Klavier aus. Pressler erzählt, wie er gelegentlich ein wenig belächelt wurde, weil er so viel auf die Mitspieler schaut, an heiklen Stellen den Mund gespitzt, die Augen weit offen, vollkommen konzentriert auf das Geschehen des Moments und immer noch staunend über die Wundersamkeiten, die da aus den Noten kommen.

Mehr als sechstausend Konzerte in fünfzig Jahren, am Anfang viel in den anstrengenden Tourneen der Community Concerts auch abseits der musikalischen Metropolen. Verbreitet wurde nicht nur der Ruhm dieser Musiker, sondern auch ein bislang weniger beachtetes Repertoire. Das Beaux Arts war eben auch das erfolgreichste Schallplattentrio, auf über sechzig Platten wurde die einschlägige Literatur aufgenommen, das Kernrepertoire – Mozart, Beethoven, Schubert, Schumann – komplett mehrfach. Tschaikowskys großes

Variationen-Trio zweimal; Ravels a-Moll-Trio, live wohl tausendmal gespielt, blieb zentral, 1957, 1966 und 1983 festgehalten. Eine nicht nur diskografisch-enzyklopädische, sondern auch musikalische Großtat war die Entscheidung, Ende der 1960er Jahre alle über vierzig Haydn-Trios zu erarbeiten.[16] Das populäre »all'ongarese« (Nr. 25) war schon auf einer der ersten Platten 1957 enthalten, vom allmächtigen Harold C. Schonberg damals als »quälend manieriert und affektiert« verrissen. Man muss dem harschen Urteil nicht folgen, kann aber, über den Abstand der Jahre hinweg, verstehen, was gemeint war, gerade im Vergleich mit der Aufnahme von 1969. Der ganze Klaviertrio-Haydn war Neuland, und Pressler erinnert sich lebhaft an die Entdeckerfreuden von damals. Das wachsende Staunen angesichts der lichten Intelligenz und des unerschöpflichen wie diskreten Einfallsreichtums dieser Musik wurde auch zu einer Erkenntnisreise zur Musik als Spiel reiner Kreativität.

Wer so viel zu entdecken weiß im klassisch-romantischen Repertoire, von dem man oft nur glaubt, es zu kennen, spürt wohl weniger Notwendigkeit, mit gleicher Intensität die Musik der Gegenwart oder gerade vergangenen Gegenwart zu erforschen. Als Neue-Musik-Trio wurde Beaux Arts nicht berühmt, sie haben sich mit gleicher Liebe aber 1975 auch Ives und Schostakowitsch gewidmet. Spät, in den 1990ern, kam eine Platte mit zeitgenössischer amerikanischer Musik, Ned Rorems »Spring Music«, Trios von David Baker und

George Rochberg, und eine mit Korngolds erstaunlichem Opus 1.[17] Im Gespräch zeigt sich Pressler nicht als Gegner der Musik der Gegenwart, sein Bedauern, hier vielleicht etwas versäumt zu haben, hält sich aber in Grenzen, adornitischen Vorhaltungen in dieser Richtung begegnet er entspannt. Eine späte Liebe gilt den konzentrierten Stücken, die György Kurtág für das Trio komponierte.

Die wechselnden Besetzungen des Trios kommentiert Pressler, im Abstand der Jahre, respektvoll, aber auch furchtlos. Klar wird, dass für ihn die Urformation Guilet-Greenhouse-Pressler prägend war und blieb. 1968 löste Isidore Cohen, vorher zweiter Geiger des Juilliard-Quartetts, den legendären Guilet ab. Ihm folgten Ida Kavafian (1992–1998), dann der Südkoreaner Yung Uck Kim für vier Jahre, schließlich Daniel Hope bis 2008. Bernie Greenhouse war bis 1987 dabei, gefolgt von Peter Wiley. Die letzten zehn Jahre bis zum Ende 2008 war dann Antonio Meneses der Cellist.

Die Streicher wechselten, der Mann am Klavier blieb – und wurde, mehr und mehr, zum Zentrum des Geschehens, eine Eminenz der Kammermusik überhaupt, eine Legende fast. Mit den jungen Kollegen versteht sich der späte Pressler offensichtlich gut; er rühmt Daniel Hope, auch das Ébène-Quartett, das ihm die denkwürdige Geburtstagsfeier schenkte. »Wahrscheinlich die Besten«, sagt er an diesem Abend im Winter 2016 in Hamburg. Andere fänden so ein Lob vielleicht unvorsichtig, aber vorsichtig muss er nicht mehr sein, er nicht.

Viele und große Ehrungen wurden ihm zuteil; man kann sie nachlesen auf seiner Website unter »Honors & Awards«. Auch die Ehrenbürgerschaft seiner Geburtsstadt Magdeburg gehört dazu, auch das Bundesverdienstkreuz seines Geburtslands. Dass ihm dieses Deutschland seine Staatsbürgerschaft zurückgegeben hat, ist ein symbolischer Akt, was mehr kann es sein? Presslers Zuhause ist Bloomington, Indiana, vor allem aber ist er ein Weltbürger, immer noch mit unfassbarer Unermüdlichkeit unterwegs. Sein Auftritt mit Mozarts spätem A-Dur-Klavierkonzert mit den Berliner Philharmonikern und Simon Rattle beim Silvesterkonzert 2014/15, live im deutschen Fernsehen übertragen, war ein besonderer Moment: ein Lichtstrahl von Poesie, und wer von diesem kleinen Herrn am Klavier vorher nicht gehört hatte, wird ihn danach nicht mehr vergessen haben.

Am Ende des Jahres 2015 dann der »ECHO«-Preis für ein Lebenswerk, das in diesem Rahmen nicht wirklich zu ermessen war. Unsere Gespräche in Berlin fanden wenige Tage vor der »ECHO«-Verleihung statt, und seine Vorfreude war riesig; seine Freude am Abend war groß. Er bedankte sich mit dem cis-Moll-Nocturne und sprach ein paar Worte, und besonders schön war, dass sie so gar nichts von Genugtuung, später Gerechtigkeit oder Ähnlichem hatten. Er hat vielen viel geschenkt, aber spricht als ein Beschenkter, auch darum macht er es anderen leicht, ihn zu lieben. Und eben so spielt er. Menahem Presslers Solokarriere nach dem Ende seines

Trios ist eine erstaunliche Geschichte, sie gehört zu den erstaunlichsten in der Welt der klassischen Musik.

* * *

Die »Los Angeles Times« hat es schon 1999 formuliert: »Pressler's contributions are from another age and are of a virtually forgotten sensibility; he is a national treasure.«[18] Der Satz ist immer noch richtig, vielleicht heute noch richtiger. Seine späten, inspirierten Aufnahmen von Schubert, Mozart, Beethoven lassen uns die Ohren noch einmal spitzen für den Mann, der Beaux Arts' Pianist war, begabt mit einer Empfindsamkeit, die aus einer anderen Zeit zu kommen scheint.[19] Und ja: Er ist ein *national*, mehr noch: ein *international treasure*, ein Weltkulturerbe.

Er schenkt sich: Menahem Pressler zu begegnen, ihm zuzuhören, mit ihm über Musik zu sprechen, das sind Mitteilungen, die ein anderes Licht auf die Dinge werfen, die einem bekannt erscheinen, nicht nur die der Musik. Er macht sich Gedanken, wie es weitergeht mit der Musik und der Welt, aus der er sich auch als Neunzigjähriger eben nicht zurückzieht. Er hat nichts hinter sich gelassen: Er reist, spielt, spricht weiter, nicht als Missionar, aber als ein Wissender. Er weiß etwas darüber, wie man Musik auf dem Klavier zum Klingen bringt und dass Musik wichtig sein kann, mehr als ein Ereignis von Klang und Schönheit. Wie geht es weiter? Wie steht es um die Weitergabe des Feuers? – Er sorgt sich um die Kälte, die er bei jüngeren Kollegen dann empfindet, wenn das Streben nach technischer Vollkommenheit in der gnadenlosen Ökonomie der Aufmerksamkeit dominiert. Für Musik, wie er sie hört, fühlt und spielt, ist die beklemmende Angst vor Fehlern selbst ein Fehler. Wie die leere Phrase, die gedankenlose Wiederholung. Als Lehrer sucht er den Weg zwischen Strenge und Milde, sieht sich nicht als Meistermacher, sondern Helfer bei der Entfaltung dessen, was der Schüler mitbringt. Bestimmt singt er viel vor in seinen Klassen, so wie er viel gesungen hat in unserem Gespräch, immer zart, immer richtig, immer lächelnd.

Anmerkungen

1 Menahem Presslers Vater Moritz hatte seit dem Ende des Ersten Weltkriegs einen polnischen Pass; im Zuge der sogenannten Polenaktion war er Ende Oktober gezwungen worden, Deutschland zu verlassen. Zum Zeitpunkt des Novemberpogroms befand er sich im polnischen Nadworna (siehe Auskunft von Menahem Pressler und http://www.lexm.uni-hamburg.de/object/lexm_lexmperson_00002640, Abruf: 12.01.2016).

2 Gemeint ist wohl die Aufnahme von 1987/88: Wolfgang Amadeus Mozart: The Piano Trios. 3 LPs (Philips 028942207912).

3 Community Concerts gab es in den USA seit den 1920er Jahren. Wurden (und werden) Konzerte normalerweise vorfinanziert, stellten die Community Concerts einen Versuch dar, das finanzielle Risiko auf mehrere Schultern zu verteilen: Ähnlich wie beim Crowdfunding subskribierten die Bürger einer Gemeinde für das noch im Entstehen begriffene Programm. Erst wenn das Budget feststand, wurden die Künstler verpflichtet. Community Concerts entstanden zunächst in einigen nordöstlichen Staaten, breiteten sich dann aber über die ganzen USA nach Kanada und Mexiko aus. Seit 1948 wurden die Community Concerts unter dem Dach der Columbia Artists Management Inc. fortgeführt, deren Marktdurchdringung viel zu Verbreitung und Erfolg dieser Institution beitrug. Nach wie vor finden in den USA unter der Bezeichnung Community Concerts viele lokale Musikveranstaltungen statt (siehe http://www.cami.com/?topic=history und http://www.psconcerts.org/cchist.htm. Unter http://libcdm1.uncg.edu/cdm/ref/collection/Greenhouse/id/2105 kann man ein Community-Concerts-Programmheft des Beaux Arts Trios aus der Saison 1973/74 einsehen; alle: Abruf 22.01.2016).

4 Anton Webern, Variationen für Klavier, op. 27 (1936).

5 Arnold Schönberg, Konzert für Klavier und Orchester, op. 42 (1942; 1944 uraufgeführt durch Eduard Steuermann mit dem NBC Symphony Orchestra unter Leopold Stokowski).

6 Franz Schubert, Trio für Klavier, Violine und Violoncello Nr. 2 in Es-Dur, D 929 (1827).

7 Menahem Presslers Ehefrau Sara starb am 19. Dezember 2014.

8 Gespielt wurde die Aufnahme von 2012 (BIS Records 319 3481): Beethoven: Klaviersonate Nr. 31, Schubert: Klaviersonate D. 960, Chopin: Nocturne cis-Moll op. posth.

9 »A Carnegie Hall in Every Town« war der Werbeslogan der Columbia Artists Management Inc. für die Community Concerts (http://www.psconcerts.org/cchist.htm, Abruf: 29.01.2016).

10 Siehe Anmerkung 3.

11 Dokumentiert als: Menahem Pressler / Quatuor Ébène: A 90th Birthday Celebration. Live-Aufnahme aus dem Salle Pleyel vom 7. November 2013, Paris. Produktion: LGM Télévision / Pierre-Martin Juban. Regie: Sébastien Glas. Als CD & DVD bei Erato / Warner Classics, 2014.

Wir danken Pierre-Martin Juban von LGM Télévision für die freundliche Genehmigung zum Abdruck der Fotos auf S. 155 und 156.

12 Auskunft von Menahem Pressler im März 2016.

13 Felix Mendelssohn: Trio Nr. 1 d-Moll, op. 49 und Haydn: Trio G-Dur, Hob. XV: 25 »all' Ongarese« (Parlophone PMC 1040).

14 Felix Mendelssohn: Trio Nr. 1 und Dvořák, Antonín: Trio Nr. 4 c-Moll, op. 90 »Dumky« (Concert Hall MMS-2323).

15 Zitiert nach Tully Potter: Dreigespann – Das Beaux Arts Trio im Studio. Essay im Booklet der (empfehlenswerten) CD-Edition: Beaux Arts Trio 60th Anniversary. Complete Philips Recordings (60 CDs, Philips 0289 478 8225 1), 2015, S. 122 f.

16 Joseph Haydn: The Piano Trios. Philips 432063 – 432073 (re-released: Philips 4788226 – 4788234).

17 Ned Rorem: Spring Musik und David Baker: Roots II und George Rochberg: Summer, 1990 – Piano Trio No. 3 (Philips 438 866). Und Erich Wolfgang Korngold: Trio in D-Dur, op. 1 und Alexander Zemlinsky: Trio in d-Moll, op. 3 (Philips 434072).

18 Zitiert nach Cynthia Wilson: Always Something New to Discover. Menahem Pressler and the Beaux Arts Trio. London: Paragon Publishing, 2011, S. 11.

19 So z. B. Franz Schubert: Sonate in G-Dur, D 894 und Ludwig van Beethoven: Bagatellen op. 126 (LDV 3111798) oder Wolfgang Amadeus Mozart: Sonaten KV 331, 570, 576 (La Dolce Volta 6876394).

Register

D

F

G

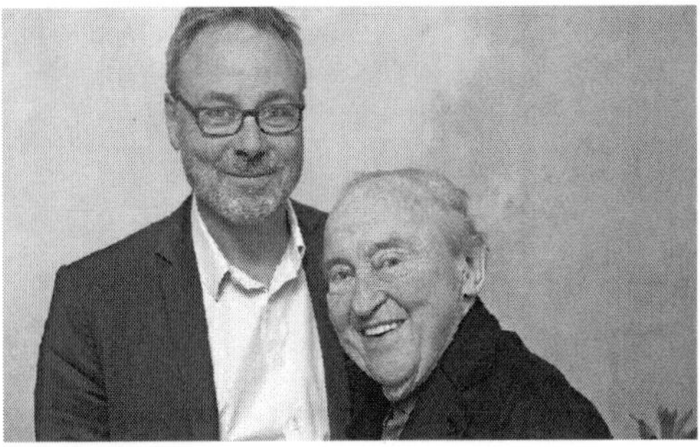

Foto: David Ausserhofer

Menahem Pressler

1923 in Magdeburg geboren, floh 1939 mit seiner Familie nach Palästina. In den 1950er Jahren zog er in die USA; nach wie vor lehrt er als Professor an der Indiana University Bloomington.

Kaum ein Pianist kann auf eine so lange und erfolgreiche Konzertkarriere, als Solist und im Ensemble, verweisen wie Menahem Pressler. Zu seinen zahllosen Ehrungen und Auszeichnungen gehören u. a. das Bundesverdienstkreuz Erster Klasse, die Ernennung zum Commandeur dans l'Ordre des Arts et Lettres und der Echo-Klassik-Preis für sein Lebenswerk.

Menahem Pressler starb 2023 in London.

Holger Noltze

ist Musikjournalist und Professor für Musik und Medien an der TU Dortmund. Er ist mit Features und Beiträgen im Rundfunk zu hören und schreibt für die Tages- und Fachpresse. Seit 2013 ist er zudem Sprecher des »Rats für Kulturelle Bildung«. Er veröffentlichte zahlreiche Bücher, zuletzt über Wagner und Verdi (2013). In der edition Körber-Stiftung erschien 2010 »Die Leichtigkeitslüge. Über Musik, Medien und Komplexität«.